J. M. COURNIER.

THÉATRE

L'ONCLE VENGÉ. — LE DOUTE ET LA CROYANCE.

LE CAPITAINE ROCK.

PARIS,

A LA LIBRAIRIE GÉNÉRALE DE BESTEL ET Cie,

7, RUE DE LA BOURSE, 7.

1857.

THÉATRE.

L'Auteur se réserve les droits de traduction et de reproduction

C.

J. M. COURNIER.

THÉATRE

L'ONCLE VENGÉ. — LE DOUTE ET LA CROYANCE.

LE CAPITAINE ROCK.

PARIS,
A LA LIBRAIRIE GÉNÉRALE DE BESTEL ET Cie,
7, RUE DE LA BOURSE, 7.

1858.

THÉATRE.

DU MÊME AUTEUR.

Dialogues satiriques. . . . . 1 vol.
Thomas Becket. . . . . 1 vol.
Théâtre . . . . 1 vol.

L'ONCLE VENGÉ

COMÉDIE EN TROIS ACTES

Représentée pour la première fois en 1854, sur le théâtre particulier du comte de V..., à Moscou.

PERSONNAGES :

LE COLONEL BERNARD.
AUGUSTE DE LINCY, son neveu.
DUBOIS, valet du colonel.
HENRIETTE DE CRÉCY.
ALIX, sa cousine.
LISETTE, femme de chambre d'Henriette.

La scène se passe dans un château, à 50 lieues de Paris.

L'ONCLE VENGÉ.

ACTE PREMIER.

Un salon, deux portes latérales, porte au fond donnant sur un parc.

SCÈNE Ire.

DUBOIS, AUGUSTE, *en costume de chasseur.*

DUBOIS.

Tout le monde sommeille, et vous pouvez sans crainte
De votre pied léger pénétrer dans l'enceinte ;
C'est ici que votre oncle, en galant troubadour
S'en vient depuis un mois soupirer chaque jour !

AUGUSTE.

Et, pendant tout ce tems, errant et solitaire
Je m'ennuie à mourir. Pourquoi tant de mystère ?
Dis-moi, tu dois savoir quels sont les habitants
De ce château ?

DUBOIS.

Ce sont de très-honnêtes gens,
Si l'on en peut juger au goût de leur cuisine...

Ils m'ont l'air de savoir très-bien comment l'on dîne,
Ces lieux sont visités par monsieur le curé,
Or, depuis que ce fait vient de m'être assuré,
Pour le chef de céans j'ai l'estime très-haute ;
Je mange volontiers les dîners de dévote !

AUGUSTE.

Mais ce n'est pas cela que je veux savoir.

DUBOIS.

Non ?

AUGUSTE.

Je veux savoir quels sont les gens de la maison ;
Combien sont-ils, d'abord ?

DUBOIS.

Elles sont trois.

AUGUSTE.

Trois femmes ?

DUBOIS.

Oui, trois femmes, monsieur ; autrement dit, trois dames,
Deux jeunes, une vieille.

AUGUSTE.

Et pas d'homme !

DUBOIS.

Du tout.
Quant aux femmes, je crois...

AUGUSTE.

Oui, dis-moi jusqu'au bout
Ce que tu crois !

DUBOIS, *mystérieusement*.

Je crois que la vieille est la mère !

AUGUSTE.

C'est probable...

DUBOIS.

Après tout, cela n'importe guère;
Elle a sa sciatique et passe tout son temps
Dans sa chambre où l'on dit qu'elle lit des romans.
C'est effrayant, monsieur, tout ce qu'elle en dévore.
Ainsi, moi, chaque jour, j'arrive dès l'aurore,
De la part de votre oncle, apportant sous mon bras
L'esprit quotidien de Sue et de Dumas....
Elle en lit... elle en lit énormément la vieille,
On ne la voit jamais.

AUGUSTE.

Tant mieux, c'est à merveille,
Mais les jeunes?

DUBOIS.

C'est là, monsieur, le principal;
Les jeunes, j'ai cru voir qu'elles ne sont pas mal;
L'une d'elles, surtout, m'a semblé remarquable,
Sa voix et son regard feraient damner le diable,
Si le diable, monsieur, pouvait être damné!...

AUGUSTE.

Vraiment! Je suis alors fort loin d'être étonné
Que mon oncle... son nom?

DUBOIS.

C'est, je crois, Henriette
De Crécy.

AUGUSTE.

De Crécy, je sais, une coquette...

DUBOIS.

Monsieur la connaîtrait?

AUGUSTE.

Non, pas précisément,
C'est un de mes amis qui l'aimait follement...
Follement est le mot, il est mort à Bicêtre.
C'est d'elle que mon oncle est amoureux?...

DUBOIS.

Peut être..

AUGUSTE.

Je veux m'en assurer, et s'il en est ainsi,
Je le détournerai de revenir ici.
Il y perdra son temps.

DUBOIS.

A moins que j'imagine
Il ne soit amoureux de la jeune cousine?

AUGUSTE.

Hein... la cousine?

DUBOIS.

Alix, la fille du château...
De la vieille s'entend, monsieur, c'est un agneau
Ce n'est pas, à vrai dire, une belle personne,
Mais que de qualités! Elle est douce, elle est bonne,
Elle vous a, monsieur, de beaux petits yeux ronds,
Ça brille! On la chérit dans tous les environs!

AUGUSTE.

Ecoute, il se fait tard, j'abandonne la place,
Je m'en vais dépouiller ce costume de chasse,
Et je reviens céans.

SCÈNE II.

DUBOIS, LISETTE.

LISETTE.

Monsieur Dubois, c'est vous...
Quel sujet, si matin vous amène chez nous?

DUBOIS.

Le sujet qui m'amène, ô charmante Lisette,
Le voilà ce sujet, ce n'est qu'une gazette
Que du château voisin le colonel Bernard
M'a dit de vous venir apporter sans retard ;
Ce journal, m'a-t-on dit, dans ces lieux intéresse
Et l'esprit et le cœur de ta belle maîtresse!

LISETTE.

Faites voir. Ah! je sais... c'est pour le feuilleton.

DUBOIS.

C'est écrit, n'est-ce pas, dans un drôle de ton?

LISETTE.

Donnez.

DUBOIS.

Mais revenons à nos moutons, ma chère;
Tu me disais, je crois, que j'avais su te plaire,
Que tu m'aimais ?

LISETTE.

Qui, moi? Je n'ai pas dit cela!

DUBOIS.

Et quand tu l'aurais dit, quel mal est-ce donc là?
Suis-je indigne de toi! regarde, je t'en prie,
Tout cela, c'est à moi. L'antique Normandie

Me vit naître : trente ans est mon âge. Ma main
Semble bâtie exprès pour empaumer le gain,
J'ai mes trente-deux dents. J'ai beaucoup de mémoire,
Je dîne sobrement et n'ai jamais su boire,
Et, si je ne suis pas un excellent valet,
Je suis du moins... je suis Dubois dont on les fait!

LISETTE.

Mais ma maîtresse vient, va t'en!

DUBOIS.

Tu vas voir comme
Je ne m'en irai pas.

SCÈNE III.

Les mêmes, HENRIETTE.

HENRIETTE.

Lise, quel est cet homme?

LISETTE.

C'est Dubois, le valet de monsieur de Lincy.

HENRIETTE.

Un valet! mais alors que fait-il donc ici?
C'est un salon... Dubois, allez à la cuisine.

LISETTE, *à Dubois.*

Attrappe, mon garçon.

DUBOIS, *à Lisette, en s'en allant.*

Verra bien qui badine!

HENRIETTE.

Dubois!

DUBOIS, *revenant.*

Vous m'appelez?

HENRIETTE.

Vous venez de Paris...
Depuis quand votre maître est-il dans le pays?

DUBOIS.

Depuis trois jours.

HENRIETTE.

Trois jours... et pas une visite !
Bien sûr, le colonel.. (*A Dubois.*) S'en retourne-t-il vite?
Aime-t-il la campagne et s'y trouve-t-il bien ?

DUBOIS.

Madame, je ne sais, ne vois ni n'entends rien...
Mon maître ne me dit jamais ce qu'il doit faire ;
Je ne suis qu'un valet... et ma petite affaire
Se borne à secouer et brosser ses habits,
Sur sa mince chaussure étaler le vernis...
Madame, vous voyez, je suis une machine :
Et, pour vous obéir, je vais à la cuisine !

(*Il fait un profond salut et sort.*)

SCÈNE IV.

HENRIETTE, LISETTE.

HENRIETTE.

Ce valet n'est qu'un sot.

LISETTE.

C'est un impertinent

Qu'on devrait châtier d'importance, vraiment!
Madame voudrait-elle achever sa toilette?

HENRIETTE, *se regardant dans la glace.*

Non, je suis bien ainsi... Cette natte est défaite.

LISETTE.

Je vais la redresser.

HENRIETTE, *avec distraction.*

Dites-moi, ce valet, Ce...

LISETTE.

Dubois, c'est son nom.

HENRIETTE.

Je crois qu'il vous parlait. Que vous disait-il donc?

LISETTE.

Des mots sans importance...

HENRIETTE.

Il vous aura parlé de son maître, je pense.

LISETTE.

De qui, du colonel?

HENRIETTE.

Mais non, de son neveu... Ces gens sont-ils bavards!... Ah!

LISETTE.

Rien, c'est un cheveu.

HENRIETTE.

Enfin, que disait-il?

LISETTE.

Rien.

HENRIETTE.
    Qu'est-il venu faire
Jusqu'ici, ce Dubois, si c'était pour se taire?
            LISETTE.
Il est venu, madame, apporter le journal.
        (*Lui arrachant un cheveu.*)
Encore un; ce n'est rien!
            HENRIETTE.
                Ah! vous me faites mal!
        (*Se levant avec humeur.*)
La maladroite!... Alix est-elle descendue?
            LISETTE.
Mademoiselle Alix? Non, je ne l'ai pas vue.
Je crois qu'elle est encor dans ses appartements.
            HENRIETTE.
A sa toilette?
            LISETTE.
        Dam!...
            HENRIETTE.
        Certes, elle y met le temps!

SCÈNE V.

HENRIETTE, ALIX.

HENRIETTE.
Bonjour, ma chère Alix.
            ALIX.
        Bonjour, chère cousine.
    (*Elles s'embrassent.*)

HENRIETTE.

Eh bon Dieu! qu'as-tu donc! ta figure est chagrine.

ALIX.

Moi?... je n'ai rien...

HENRIETTE.

Mais si... ma chère, je le vois.

ALIX.

Eh bien, oui, je suis très-mécontente de toi...

HENRIETTE.

De moi?...

ALIX.

De toi...

HENRIETTE.

Mon Dieu! mais quel est donc mon crime?

ALIX.

Le colonel Bernard...

HENRIETTE.

Eh bien?

ALIX.

Est ta victime...

HENRIETTE.

Tu veux rire...

ALIX.

Du tout...

HENRIETTE.

Il m'aime?...

ALIX.

Éperdûment!...
Il ne rêve qu'à toi... C'est ta faute!...

HENRIETTE.

Vraiment?...

ALIX.

Ce pauvre colonel!...

HENRIETTE, *froidement.*

Que veux-tu que j'y fasse?...

ALIX.

Ce qu'une autre ferait, ma cousine, à ta place...

HENRIETTE.

Je voudrais bien savoir ce qu'une autre ferait
A ma place, cousine?...

ALIX.

Elle l'épouserait!...

HENRIETTE.

Épouser ce vieux fou... tu ris ou tu veux rire!...

ALIX.

Très-sérieusement je viens de te le dire...

HENRIETTE.

Moi, qui fus insensible à tout ce que Paris
Possède en cavaliers aimables... accomplis...
Je me laisserais prendre aux phrases surannées
D'un homme qui bientôt compte soixante années...
Chez ce vieux colonel qui veut vivre tout seul
J'irais m'ensevelir comme dans un linceul...
Ah! j'ai froid d'y penser!.....

ALIX.

Agis avec prudence;
Ne lui retire pas brusquement l'espérance....
Ménage ton refus... c'est lui, c'est le baron...

HENRIETTE

En deux mots je saurai le mettre à la raison.

SCÈNE VI.

Les mêmes, LE COLONEL BERNARD.

LE COLONEL, *s'inclinant profondément.*
Mesdames, agréez mon compliment sincère...

ALIX.
Bonjour, baron...

HENRIETTE.
Bonjour...

LE COLONEL.
Ah ! madame, j'espère
Que...

HENRIETTE.
Dites-nous, baron, quel temps fait-il ?

LE COLONEL.
Très-beau...
Je suis parti depuis deux heures du château...
J'ai traversé les bois, les prés et le village
Pour...

HENRIETTE.
Un pareil trajet, colonel, à votre âge !
C'est beaucoup. Veuillez donc vous asseoir, s'il vous plaît.

LE COLONEL. *à part.*
Cela commence mal... hum... hum...

HENRIETTE.
Il paraîtrait,
Baron... que votre toux, ce matin, vous tourmente ?

LE COLONEL.
Du tout, madame, j'ai la poitrine excellente.

HENRIETTE.

Il faut prendre à l'instant quelque chose de chaud...
Voulez-vous du tilleul, arrosé de sirop.

(*Appelant*).

François !

LE COLONEL.

Je ne veux rien... non, je vous remercie,
Je ne me suis jamais mieux porté de ma vie...

HENRIETTE.

Vous vous faites prier... mon Dieu ! tout est ouvert...
Vous pourriez, colonel, attraper un coup d'air ;
Je vais fermer ceci !

LE COLONEL, *à part*.

J'aurai beaucoup de peine,
Bien sûr, à lui parler du sujet qui m'amène !

HENRIETTE.

Vous ne prendrez donc rien, baron, décidément ?

LE COLONEL.

Vous me rendez confus, madame...

HENRIETTE.

Non, vraiment...
Il est si naturel de soigner ceux...

LE COLONEL.

Madame,
Je sais très-bien jusqu'où va votre bonté d'âme...
Mais, veuillez remarquer que je suis un soldat
Habitué depuis longtemps, par mon état,
A me très-bien porter...

HENRIETTE, *assise, brodant (après un moment de silence)*.

Que voulais-je vous dire...

On vous fit colonel sous le temps de l'empire?

LE COLONEL.

Colonel et baron, madame, en même temps;
Au retour de Moscou, j'avais alors trente ans!

HENRIETTE.

Au retour de Moscou, si vous en aviez trente,
Cela doit, aujourd'hui, faire près de soixante!
Vous avez soixante ans, colonel?

LE COLONEL, *à part.*

Maladroit!

(*Haut.*)
J'en ai cinquante-neuf.

HENRIETTE.

Eh bien! plus on vous voit,
Et plus on vous croirait éloigné de cet âge!

LE COLONEL, *s'animant.*

Lorsqu'il sent dans son cœur la fougue et le courage
Qu'il avait à vingt ans, l'homme ne vieillit pas.
Oh! si l'Europe encore nous offrait des combats!
On verrait si ma main sait tenir une épée...
Si de mon noble nom la gloire est usurpée!...

HENRIETTE.

Doucement, colonel... vous nous avez fait peur,
Personne n'ose, ici, nier votre valeur,
Et vos nombreux exploits sont sus de tout le monde.
A propos, colonel, il faut que je vous gronde...

LE COLONEL.

Moi, madame!

HENRIETTE.

Vraiment, faites donc l'étonné...

Vous recevez chez vous un jeune homme bien né,
Un jeune cavalier que l'on dit fort aimable,
Votre neveu...
LE COLONEL.
C'est vrai, mon neveu *(à part)*, que le diable
L'emporte !
HENRIETTE.
Et puis, baron, vous attendez si tard
Pour nous le présenter... c'est mal de votre part !
LE COLONEL.
Depuis son arrivée, il vit très-solitaire,
Mon neveu.- C'est un ours qui ne saurait vous plaire...
Il fuit le monde enfin.
HENRIETTE.
Vous m'étonnez... vraiment !
Je lui porte intérêt, puisqu'il vous est parent,
Voilà tout.
LE COLONEL, *à part.*
Et morbleu ! ne pourrais-je lui dire
Le suprême bonheur auquel mon cœur aspire ?
(Se levant brusquement.)
Madame, je voudrais vous parler sans témoin.
ALIX.
Je me retire, alors.
HENRIETTE.
Alix, ne va pas loin...
Est-ce long, colonel ?...
LE COLONEL.
Le temps est toujours rare
Pour ce sujet, madame.

ALIX, *au colonel, à part.*
Elle a l'esprit bizarre
Ce matin... vous avez mal choisi votre temps.
(Elle sort.)

LE COLONEL.
Ce dernier mot n'est pas des plus encourageants.
N'importe, plus longtemps je ne pouvais me taire.
Il faut parler...

SCÈNE VII.

HENRIETTE, LE COLONEL.

HENRIETTE.
Voyons, quel est ce grand mystère ?
Me voilà, cher baron, prête à vous écouter...

LE COLONEL.
Veuillez donc vous asseoir...

HENRIETTE.
Non... il faut nous hâter...
Je dois vous prévenir qu'une affaire qui presse...

LE COLONEL.
De m'interrompre à temps, vous serez la maîtresse.
J'ai hâte, comme vous, de terminer ceci ;
Mon bonheur en dépend !...

HENRIETTE, *à part, en s'asseyant.*
Très-bien. Nous y voici !

LE COLONEL, *à part.*
Hum! Comment débuter? *(Haut.)* Je vous aime, madame

HENRIETTE, *feignant la surprise.*
Vous m'aimez, colonel?...
LE COLONEL.
Oui, de toute mon âme.
Oh! vous le savez bien.
HENRIETTE.
Que m'apprenez-vous là...
Je n'en puis revenir... comment... vous... que voilà,
Vous m'aimez?... Finissons cette plaisanterie,
Baron.
LE COLONEL.
Ecoutez jusqu'au bout, je vous prie;
Je suis très-sérieux — par vos divins attraits,
Madame, vous avez enchaîné pour jamais
Ce cœur que l'honneur seul avait su rendre esclave.
Moi qui ne m'occupai jamais que d'être brave,
Je tremble auprès de vous, et ma timidité
Ne peut trouver un mot devant tant de beauté;
Devant ce doux regard scintillant de jeunesse,
Chacun de ses éclairs impunément me blesse,
L'amour ne veillit pas, et c'est à soixante ans
Que je devais subir ses traits les plus brûlants.
Voyez, le vieux soldat à genoux vous supplie,
L'ardeur de vous servir prolongera sa vie;
Malgré ses cheveux blancs il ne pourra mourir,
Quand un ange ici-bas saura le retenir!
Madame, vous seriez bien cruelle de rire,
Lorsque vous êtes seule auteur de mon martyre!...
HENRIETTE.
Baron... relevez-vous...

LE COLONEL, *avec force*.

Répondez un seul mot,
Henriette, j'attends !...

HENRIETTE, *vivement*.

Ne parlez pas si haut...
Si l'on vous entendait, ce serait ridicule...

LE COLONEL, *avec dignité*.

Si j'éprouve aujourd'hui la flamme qui me brûle,
A qui la faute?... à vous qui m'avez écouté,
Vous qui m'avez admis dans votre intimité...
Vous dont la douce voix, sans blâme et sans colère,
Semblait me dire alors : oui vous pouvez me plaire,
Quand vous préméditiez de me répondre un jour
Je ne vous aime pas, reprenez votre amour.
Reprenez votre amour, est-ce donc si facile?
Votre œil a-t-il, ainsi que la lance d'Achille,
Le pouvoir de guérir la blessure qu'il fait?...
Ridicule... ah! je suis ridicule, en effet!
Ah! si jamais l'amour avait ému votre âme,
Ce mot n'eût point passé par vos lèvres, madame!..

HENRIETTE,

Baron, vous le savez, alors que l'on est vieux,
Pareille intimité n'a rien de sérieux...
A votre âge... on permet quelque galanterie,
Nous nous laissons aimer quelque temps, par folie,
Lorsqu'en vous retirant, vous nous baisez la main,
Sans crainte, sans soupçons nous disons : à demain!
Et pour vous, nous daignons, nous autres jeunes filles
Vous servir de jouets... mais non pas de... béquilles.
J'espère colonel que vous réfléchirez,

Et que de votre amour vous-même vous rirez,
Que demain, en dépit de ce refus suprême,
Notre ancienne amitié sera toujours la même.
(Elle sort.)

SCÈNE VIII.

LE COLONEL (seul).

Oui, c'est vrai, j'étais fou!... pour perdre tout espoir
J'aurais dû quelque fois consulter ce miroir,
Voyez le beau minois pour faire une conquête,
Bernard, tu viens d'agir comme une folle tête,
A ton âge il sied bien de faire le gentil
Et de rouler des yeux ainsi qu'un apprenti!
Elle rit maintenant de sa belle victoire!
Triompher d'un vieillard, le beau sujet de gloire!...
Si j'avais eu trente ans... elle aurait vu, morbleu,
Qu'il ne faut pas ainsi jouer avec le feu!...
La coquette!... je l'aime, et c'est ce dont j'enrage...
Oh! les femmes vraiment... les femmes sont l'ouvrage
Du ciel et de l'enfer, et l'on trouve toujours
L'ongle pointu du chat sous leur main de velours!..

SCÈNE IX.

LE COLONEL, DUBOIS, LISETTE dans le fond.
(Ecoutant.)

DUBOIS.

Votre neveu, monsieur, est là qui vous demande
A la grille du parc.

LE COLONEL.

Parbleu, ma joie est grande;
Qu'il soit le bien-venu! Lui, mon neveu, mon fils,
Ma joie et mon orgueil! Ecoute, est-il bien mis?

DUBOIS.

Tout de noir habillé, des pieds jusqu'à la tête,
Et cravaté de blanc.

LE COLONEL.

Sa barbe est-elle faite?

DUBOIS.

C'est moi qui l'ai rasé! C'est un Antinoüs...
Avec des favoris.

LE COLONEL.

C'est parfait.

DUBOIS.

Et bien plus,
Monsieur, il a des gants d'un jaune irréprochable...

LE COLONEL.

Il a des gants... Qu'il vienne!

DUBOIS.

Eh! monsieur, c'est le diable,
Il n'ose pas venir.

LE COLONEL.

Comment donc... et pourquoi?

DUBOIS.

Il craint de vous fâcher.

LE COLONEL.

De me fâcher, qui... moi?
Je te suis... va devant dire à messire Auguste
Qu'il fasse la moitié du chemin.

DUBOIS.

C'est trop juste,

ACTE DEUXIÈME.

Même décor.

SCÈNE Ire.

LISETTE, HENRIETTE.

LISETTE.
Ce Dubois, vous savez, madame, ce valet
M'a l'air d'un vrai vaurien, d'un franc mauvais sujet.
Ce matin, il voulait m'embrasser, lui, le traître...
Madame, vous savez le proverbe — tel maître,
Tel valet — je crois donc que ces deux jeunes fous,
Le maître et le valet, complottent contre nous,
Je les ai bien compris et je puis vous prédire
Qu'ils viennent en ces lieux exprès pour nous séduire

HENRIETTE.
Elle est folle ! — C'est bien, Lisette, laisse-moi.

LISETTE.
Mais...

HENRIETTE.
Je te sonnerai si j'ai besoin de toi.

LISETTE.
C'est l'heure...

HENRIETTE.
Oui, je le sais, de changer de toilette,
N'est-ce pas ? — Il suffit... Va-t'en, bonne Lisette,

Et quels que soient les gens qui nous viennent ici,
Je n'en changerai pas. — Je garde celle-ci.

(Lisette sort.)

HENRIETTE, *apercevant Alix, qui entre.*
Alix, tu ne sais pas... Comme te voilà belle !

ALIX.
Bah ! comme tous les jours...

HENRIETTE.
La charmante dentelle !
Ce jeune homme... tu sais... Auguste de Lincy...

ALIX.
Eh bien ?...

HENRIETTE.
Dans un moment il va se rendre ici...

ALIX, *avec indifférence.*
Ah !...

HENRIETTE.
Que fais-tu ?

ALIX.
Ceci, c'est un écran...

HENRIETTE.
Ma chère,
C'est charmant !...

ALIX.
Trouves-tu ?... C'est pour ma bonne mère ;
Des roses, des œillets... Elle aime tant les fleurs !...
(Moment de silence. — Henriette s'assied, prend un livre sur la table, qu'elle ouvre et qu'elle referme presqu'aussitôt.)

HENRIETTE.
Alix, j'ai des remords...
ALIX.
Toi ?...
HENRIETTE.
Des remords rongeurs...
Je crains que le baron ne soit inconsolable!...
ALIX.
Tu sais... je te l'ai dit.
HENRIETTE.
Oui... je me sens coupable...
ALIX.
Prends garde — c'est un homme à vouloir se venger !
HENRIETTE.
Alix, dès aujourd'hui, je veux me corriger.
ALIX.
Comment ?...
HENRIETTE.
Me corriger...
ALIX.
Regarde-moi sans rire ?...
HENRIETTE.
Eh quoi !... ne crois-tu pas ce je viens de dire ?
ALIX.
Je crois à la bonté de ton intention,
Mais...
HENRIETTE.
Mais ?...
ALIX.
Je ne crois pas à ta conversion...

HENRIETTE.

Pourquoi?

ALIX.

Que sais-je... à moins que l'on ne te marie;
L'amour seul peut guérir de la coquetterie.

HENRIETTE.

Et moi, ma chère Alix, j'espère dès ce jour
Te prouver que l'on peut se guérir sans amour.

ALIX.

Ah !...

HENRIETTE.

Et pour commencer, tu vois cette toilette?..
C'est la même...

ALIX.

Vraiment! Oh! tu n'es plus coquette...

HENRIETTE.

Et quant à ce jeune homme, Auguste de Lincy
Tu peux t'en faire aimer, ma chère Alix...

ALIX.

Merci;
Tu me le laisses donc?...

HENRIETTE.

Oui, j'y suis décidée,
Je veux le marier...

ALIX.

Oh ! l'excellente idée !
Ainsi, moi, je boirai le remède — et c'est toi
Qui guériras — bravo !...

HENRIETTE, *écoutant.*

Mais ce sont eux. je crois...

SCÈNE II.
HENRIETTE, ALIX, LE COLONEL, AUGUSTE.

LE COLONEL.

Mesdames, permettez qu'enfin je vous présente
Auguste, mon neveu...

HENTIETTE ET ALIX, *saluant*.

Monsieur !...

AUGUSTE, *à part (après avoir salué)*.

Elle est charmante !...

ALIX, *à part*.

(*Haut.*)

Il est très-bien ! Messieurs, veuillez donc vous asseoir.

HENRIETTE.

Colonel, je suis très-contente de vous voir ;
Vous ne m'en voulez pas ?

LE COLONEL.

Moi, madame... au contraire.

HENRIETTE.

Je sais très-bien que vous avez un bon caractère...
Et nous serons toujours, j'espère, bons amis.

LE COLONEL, *à part (en lui baisant la main)*.

La perfide !...

HENRIETTE, *à Auguste*.

Monsieur, vous venez de Paris ?...
Le séjour de nos champs doit vous sembler bien triste

AUGUSTE.

Madame...

HENRIETTE.

Oh ! je conçois, à Paris, on existe,

On a tant de moyens de dissiper le temps :
Les spectacles, les bals, les Italiens, Lonchamps ;
Ici, rien de cela...

AUGUSTE.

Vous avez le silence,
Le repos. — A Paris, à peine si l'on pense ;
Ici, l'on réfléchit, l'on médite... et vraiment,
Après un long hiver d'un fol amusement,
On aime à retrouver la douce solitude,
A respirer l'air pur, à donner à l'étude
Quelques heures du jour. — Et dès que le soleil
Caresse mes volets d'un sourire vermeil,
Je me lève et je pars, mon fusil sur l'épaule,
Je marche longuement, puis sous quelque vieux saule
Je m'arrête. Mon chien s'asseoit à mon côté...
Nous déjeûnons tous deux d'un reste de pâté.
Puis alors reprenant notre pélérinage,
Vers midi nous rentrons au château — tout en nage,
La gibecière vide et jamais autrement,
Mon chien rentre au chenil, moi, dans l'appartement,
Là, dans un bon fauteuil, au travail je me livre,
Parfois, si je m'endors, c'est la faute du livre !
Mais c'est un grand hasard si j'y trouve l'ennui.

LE COLONEL.

Mon neveu ne lit pas les livres d'aujourd'hui !...

AUGUSTE.

C'est ainsi doucement que la saison se passe,
Et qu'au milieu des champs notre âme se délasse ;
Ce calme et doux repos qu'on goûte loin du bruit
Donne la force au corps, la souplesse à l'esprit,

Et, lorsque vient l'hiver, on retourne à la ville,
En regrettant les fleurs des champs dont on s'exile;
De même qu'au printemps, venant aux prés fleuris
On regrette tout bas les femmes de Paris!...

LE COLONEL.

Cependant, mon neveu, permets que je te dise
Une chose, — A Paris, malgré vent, neige et bise,
Nous trouvons chaque hiver les roses du printemps,
Et de même en été nous retrouvons aux champs
Les femmes de Paris...

AUGUSTE.

Oh! ce n'est pas de même...
Ne me parlez jamais de la fleur pâle et blême,
Qu'au milieu des salons on porte dans sa main,
Que l'on regarde à peine et qui se meurt soudain...
Ah! combien j'aime mieux les fleurs dans un parterre
Chacune se croit belle et chacune veut plaire;
Quand de les savourer il vous prend le désir,
D'elles-mêmes à vos doigts elles viennent s'offrir;
Si vous vous contentez de l'humble violette,
La rose de dépit courbe aussitôt la tête,
Se flétrit de douleur, et bientôt vous voyez
Ses attraits orgueilleux qui tombent à vos pieds...

LE COLONEL, *à part.*

Je comprends...

AUGUSTE.

Mais bientôt quand l'automne s'avance,
Des femmes de Paris, le règne alors commence,
Alors s'épanouit leur sourire enchanteur,
C'est leur printems — chacune à son rôle de fleur...

L'hiver n'existe pas, car nous voyons encore
Au milieu d'un salon tout un parterre éclore...
La lumière à longs flots resplendit — et soudain
Nous voyons se dresser un gracieux essaim...
L'orchestre harmonieux agite mille têtes,
Comme autant de dahlias, de roses, de violettes
Qu'un souffle du midi balance avec amour...
Seulement de la fleur le règne est bien plus court,
Elle n'a qu'un printemps à fleurir sur la terre,
La femme a trente hivers pour sourire et pour plaire.

LE COLONEL.

Mais de par Apollon tout cela n'est pas mal,
J'ai tort...

ALIX, *à part*.

Il a l'esprit assez original.

HENRIETTE.

Je parierais, monsieur, que vous êtes poète?...

AUGUSTE.

Moi, madame!...

LE COLONEL.

Voyons, ne baisse pas la tête...
Et confesse tout haut ton crime, beau neveu!...

AUGUSTE.

Mon oncle, en verité...

LE COLONEL.

Mais voyez donc un peu
Comme il rougit..,

AUGUSTE.

Qui... moi? mon oncle, je vous prie...

LE COLONEL.

Il est inconcevable avec sa modestie !
Jette-moi, si tu veux, des regards de travers...
Je vais tout révéler, sachez qu'il fait des vers...
Oui — vous faites des vers.

AUGUSTE, *tout honteux.*

C'est vrai, mais je vous jure
Qu'à personne jamais je n'en ai fait lecture...

LE COLONEL.

Excepté cependant à ton oncle. — Vraiment
Ce garçon là, madame, aurait quelque talent
S'il voulait écouter mes conseils. Mais le drôle
N'en tient pas compte — il est de la nouvelle école;
Sa pensée et son vers ne forment qu'un seul corps,
On voit qu'il les écrit, sans travail sans efforts...
Et puis jamais un mot de la mythologie...
Et ce n'est pas ainsi, morbleu, qu'on versifie !...

AUGUSTE.

Enfin, que voulez-vous, mon oncle !...

LE COLONEL.

Moi je veux
De ces vers bien scandés, qui marchent deux par deux,
Dont la rime à la fois riche et retentissante
Fixe l'attention sur la rime suivante...
Je veux que vous parliez de Vénus, d'Apollon,
Du puissant Jupiter, du malin Cupidon,
De Diane, de Cérès, de Pomone et de Flore,
De la plaine liquide et de la pâle aurore...
Mais vous, rimeurs du jour, vous trouvez tous fort bon
D'appeler simplement les choses par leur nom,

Dans vos vers roturiers, indignes du Parnasse,
De la langue des dieux on a perdu la trace,
Enfin, comprenez-vous, mesdames — l'impudent,
Quand il chante la mer, il laisse le trident?...
Il dédaigne Neptune... il méprise Amphitrite;
Mais... tu ne crains donc pas que je te déshérite?...

AUGUSTE, *à part, à son oncle.*

Mais vous me portez tort — perdez-vous donc l'esprit?

LE COLONEL, *se calmant.*

Il a raison — je vais rétablir ton crédit,
Si mon neveu parfois fait des vers détestables...
Il possède en retour des qualités aimables,
Qui, je le crois, pourront racheter à vos yeux
Ce travers...

HENRIETTE.

Un travers — vous êtes rigoureux!...
J'aime beaucoup les vers, je suis sûre au contraire
Que les vers de monsieur sont bien... et doivent plaire

LE COLONEL.

Enfin... n'en parlons plus — mais il a des talents,
Mesdames, si j'en crois l'opinion des gens,
Qui doivent le pousser loin dans la politique.

HENRIETTE,

Bah? serait-il expert, baron, en statistique.

LE COLONEL.

Non...

ALIX.

Il est avocat?...

LE COLONEL.

Non...

HENRIETTE.
Il est receveur,
Général?...
LE COLONEL.
Encor moins...
ALIX.
Alors il est docteur,
Médecin?
LE COLONEL.
Mon neveu? — quelle plaisanterie,
Vous voyez bien que non — je suis encore en vie!
HENRIETTE.
Il est donc diplomate?
LE COLONEL.
Oh! c'est mieux que cela :
Il valse comme un ange et danse la polka
Comme un diable!...
HENRIETTE.
Vraiment!...
ALIX.
Il polke, ma cousine!...
HENRIETTE.
Il polke!
ALIX.
Quel bonheur!...
AUGUSTE.
Mais mon oncle badine,
Il veut rire...
ALIX.
Du tout — que c'est aimable à vous
De polker...

HENRIETTE.

C'est charmant!...

ALIX.

Vous dînez avec nous,
N'est-ce pas?—Vous aussi, baron, l'on vous invite...

LE COLONEL.

Je vous suis obligé, mesdames.

ALIX.

Il hésite!...

LE COLONEL.

Dansant peu la polka, je ne sais si je dois...

HENRIETTE.

Il consent!

ALIX.

Nous allons faire le tour du bois,
Puis monsieur, j'en suis sûre, aura la complaisance
Ce soir, de nous montrer cette nouvelle danse.

AUGUSTE.

Comment... avec plaisir.

ALIX.

Colonel, qui croirait
Que nous ne savons pas encore ce que c'est?

AUGUSTE, *à Alix*.

Voulez-vous accepter?

(*Il offre son bras à Alix, ils sortent lentement.*)

SCÈNE III.

LE COLONEL, HENRIETTE, *puis* DUBOIS.

HENRIETTE, *à elle-même*.

Il est fort ordinaire,

Ce jeune homme, on dirait qu'il est certain de plaire,
C'est un fat, rien de plus !

LE COLONEL, *à part.*

Le dépit, c'est charmant !

HENRIETTE, *brusquement.*

Votre bras, colonel.

LE COLONEL.

Tout à vous dans l'instant.

Dubois !

DUBOIS.

Monsieur.

(*Le colonel lui parle bas.*)

Fort bien !

(*Pendant ce temps Henriette est allée au fond et regarde dans le parc avec agitation.*)

LE COLONEL, *à part, riant.*

La manœuvre commence !

HENRIETTE.

En vérité, baron, c'est d'une inconvenance !

LE COLONEL.

Quoi donc ?

HENRIETTE.

Mais il la prend par la taille...

LE COLONEL.

En effet...

Ah ! c'est pour lui montrer comment cela se fait ;
Mais c'est qu'ils vont très-bien. Ce garçon est unique
Pour apprendre à polker aux dames sans musique.

HENRIETTE.

De quel nom ce matin, l'avez-vous baptisé...

Vous disiez que c'était un ours!
LE COLONEL.

Apprivoisé!...
(*Ils sortent.*)

SCÈNE IV.

DUBOIS.

Ah! nous dînons ici.. tant mieux, car Dieu me damne
Si je ne suis moulu... harassé comme un âne
Qui revient de la foire. Allons, asseyons-nous
Et goûtons un moment le far niente si doux
Il dolcé farnienté, comme on dit à Venise
Endroit fort renommé, m'a-t-on dit par sa brise
Et par ses gondoliers, mais cela m'est égal!...
Eh bien, qui me l'eût dit qu'en ce siècle fatal
Moi, Dubois, je serais, soit dit sans modestie,
Un valet confident comme à la comédie.
Je sais qu'on me dira que c'est un rôle usé,
Par le plus mince auteur, aujourd'hui méprisé,
Que c'était pour l'intrigue un moyen trop commode,
Que les valets, enfin, ne sont plus à la mode...
Mais, j'ai cela de neuf sur le valet ancien
C'est que jusqu'à présent, je ne suis bon à rien...
Non, je ne comprends pas, j'en donne ma parole,
Comment, dans tout ceci, je puis jouer un rôle.
Enfin, résignons-nous et, puisque nous voilà
Dans ce château; ma foi !..

SCÈNE V.

DUBOIS, LISETTE.

LISETTTE.
Dubois, que fais-tu là?
DUBOIS.
C'est à quoi je songeais. Si tu peux me le dire
Tu me feras plaisir... Lisette, fais-moi rire,
Je m'ennuie...
LISELTE.
Oh vraiment? mais voyez donc un peu...
Mettez-vous donc en frais pour amuser môsieu...
DUBOIS.
Je t'adore!
LISETTE.
Tu mens!
DUBOIS.
Si tu fais la cruelle,
Lisette!!
LISETTE.
Quoi?
DUBOIS, *d'une voix sombre.*
Je vais me brûler la cervelle!
LISETTE.
Tu mens!
DUBOIS.
Après dîner, je te le ferai voir.
LISETTE.
La cervelle!... d'abord, il faudrait en avoir.

DUBOIS, *voulant lui prendre la taille.*

Divin !

LISETTE.

Je vais frapper...

DUBOIS.

Voyons, pas de bêtise ;
Je voulais te montrer comment on magnétise,
Voilà tout...

LISETTE.

Quoi ! Dubois, tu sais magnétiser...
Tu pourrais m'endormir ?...

DUBOIS.

Te somnambuliser
Même...

LISETTE.

Qu'il est menteur !...

DUBOIS.

Lisette est incrédule !
C'est juste ce qu'il faut pour être somnambule.
Si tu veux, dans l'esprit de chacun tu liras...

LISETTE.

Bah !... Je te donnerai tout ce que tu voudras
Si tu peux m'endormir à l'instant...

DUBOIS.

Oh ! Lisette...
Tout ce que je voudrai... C'est une affaire faite.
Assieds-toi... Ne ris pas, prends ton air sérieux ;
Mets tes mains dans mes mains, et tes yeux sur mes yeux.
Bien... Je vais établir le courant sympathique,
Afin de t'infiltrer le courant magnétique...
Chut !!!

LISETTE.

Que c'est bête!...

DUBOIS.

Encor?...

LISETTE.

Je ne dors pas du tout...

DUBOIS.

Faut-il cesser ou bien pousser la chose au bout?...

LISETTE.

Voyons...

DUBOIS.

Alors tais-toi...

LISETTE.

S'il faut que je me taise,
Et qu'ainsi qu'un portrait je reste sur ma chaise
Pendant une heure ou deux...pardi...c'est bien malin
Je pourrai bien sans toi dormir jusqu'à demain...

DUBOIS.

Je vais continuer par la grande manœuvre...
Car c'est à l'artisan que l'on reconnaît l'œuvre!...

LISETTE.

Tu te trompes : à l'œuvre, on connaît l'artisan...

DUBOIS.

C'est possible autrefois ; — mais Lisette à présent
Le proverbe a changé de sens et de tournure ;
On achète un tableau d'après sa signature...
Et l'on voit tout d'abord au bas d'un feuilleton
Si l'ouvrage qu'on lit doit être trouvé bon.

LISETTE.

Mais à propos, dis-moi, je n'ai pas lu la suite

Du feuilleton d'hier. — J'en suis quand elle invite
Monsieur Léon...

DUBOIS.

Je sais — Ils partent donc tous deux.
Chez la nourrice... dam, c'était très hasardeux
L'auteur nous montre là, trois nourrissons—des anges,
Qui vomissent leur lait et qui font dans leurs langes!
Il nous peint un cochon qui dort sur un fumier,
Sur la vitre brisée, un soleil de papier;
Puis un bout de chandelle... enfin du réalisme...
Elle dort!... O puissant effet du magnétisme!!

(*On entend rire aux éclats.*)

LISETTE, *se levant vivement.*

File... voilà quelqu'un.

DUBOIS.

Tu ne dormais donc pas?

LISETTE.

Nigaud!

DUBOIS.

Nous reprendrons le magnétisme en bas.

SCÈNE VI.

LES MÊMES, AUGUSTE, ALIX, *traversant au fond dans le parc.*

ALIX.

Vous lui plairez, je crois... car votre caractère
Est heureux, enjoué. Venez, ma bonne mère
Aime les gens très-gais...

L'ONCLE VENGÉ. 45

AUGUSTE.
Je serai très-flatté
De la voir.

ALIX.
Pauvre mère ! Ah monsieur sa santé
N'est pas bonne. Depuis la moitié de décembre
Elle n'a pu sortir un seul jour de sa chambre ;
Quand je la quitte alors elle est triste aussitôt...
Il faudra, s'il vous plaît, lui parler un peu haut.
(*Ils sortent.*)

SCÈNE VII.

DUBOIS, LISETTE.

LISETTE.
C'est qu'on dirait déjà deux vieilles connaissances !
Ton maître est dangereux !

DUBOIS.
Ah ! plus que tu ne penses.
Lovelace, Faublas... Don Juan et Cætera
N'étaient que des lourdauds auprès de celui-là ;
Farouche conquérant, il fait prompte justice
De ces bouches en cœur, de ces yeux en coulisse,
De tous ces vains ressorts que du soir au matin
Rumine en son cerveau le sexe féminin.
Pour tout dire en un mot, et pour mettre une trêve,
Femme, à tes questions : mon maître est mon élève !

LISETTE.
Quels faiseurs d'embarras vous faites tous les deux ;
Ton maître n'est qu'un fat et toi qu'un orgueilleux !

SCÈNE VIII.

Les Mêmes HENRIETTE (*elle entre précipitamment sans voir personne, va se regarder dans la glace de la toilette... puis elle sonne avec violence. Lisette s'avance aussitôt.*)

HENRIETTE.

Mais que devenez-vous? C'est en vain que je sonne
Depuis une grande heure et je ne vois personne.

LISETTE.

Madame...

HENRIETTE.

Taisez-vous, qui m'a coiffée ainsi?...
Je suis affreuse...

DUBOIS, *au fond.*

Oh! oh!

LISETTE.

Mais ce matin, ici,
Madame s'en souvient...

HENRIETTE.

Quoi?

LISETTE.

Se trouvait charmante.

HENRIETTE.

Je vous en prie... allons... faites l'impertinente,
Sotte, a-t-on jamais vu coiffer ainsi quelqu'un?

LISETTE.

Mais...

HENRIETTE.

Vos raisonnements n'ont pas le sens commun.

LISETTE.

J'aurai tort si toujours vous m'imposez silence !

HENRIETTE.

Vous élevez, je crois, la voix en ma présence !

LISETTE.

Mais je...

HENRIETTE.

Vous avez tort, car vous deviez savoir
Que cette robe là m'allait mal, que le noir
Me sied mieux, beaucoup mieux, vous deviez me le dire.

LISETTE.

Je l'ai dit...

HENRIETTE.

Vous mentez ! C'est pour me contredire
Que vous dites cela, vous ne l'avez pas dit.

LISETTE.

Madame a de l'humeur.

HENRIETTE.

Moi ! vous perdez l'esprit...
De l'humeur... et pourquoi ?

DUBOIS, *à part*.

Certes, elle a quelque chose.

HENRIETTE.

Mais si j'ai de l'humeur, vous seule en êtes cause...
La sotte... de l'humeur ! Et l'on a des bontés
Pour elle. Oh ! cent fois plus que vous n'en méritez !

LISETTE, *avec émotion*.

C'est la première fois que madame m'adresse
Un tel reproche... et si madame était maîtresse
D'elle dans ce moment... je ne resterais pas
Une seconde encore à son service !...

DUBOIS, *à part.*

Hélas !
Quel dommage !

HENRIETTE, *vivement.*

Suis-moi, son valet nous épie !

(Elle sort.)

LISETTE.

Je devine. *(A Dubois.)* Pour moi, maraud, je t'en défie !

(Elle sort.)

SCÈNE IX.

DUBOIS, LE COLONEL.

DUBOIS, *chantant.*

Il est donc sorti de son âme,
Ce secret.....

LE COLONEL, *tout essoufflé.*

Ah, ah ! tu chantes, toi — pour moi, je n'en puis plus,
M'a-t-elle fait courir. — Ouf, j'ai les os rompus !
(Il se jette dans un fauteuil. — On entend le bruit de la cloche. — Le colonel prête l'oreille).

DUBOIS, *déclamant.*

Monseigneur le baron, c'est l'heure solennelle...

LE COLONEL.

Tu fais aussi des vers ?... Tout le monde s'en mêle,
Ma parole d'honneur. Parle en prose ou tais-toi.

DUBOIS.

C'est l'heure du dîner.

LE COLONEL.

Du dîner !!! soutiens-moi !
(Il sort, appuyé sur le bras de Dubois).

ACTE TROISIÈME.

Même décor.

SCÈNE Ire.

AUGUSTE, DUBOIS.

AUGUSTE.
La petite cousine est bonne et naturelle,
Et l'on trouve du charme à causer avec elle ;
Elle a je ne sais quoi...

DUBOIS.
Vous avez remarqué,
Monsieur ?...

AUGUSTE.
Quoi donc ?

DUBOIS.
Son cœur en était suffoqué !

AUGUSTE
D'Henriette ?...

DUBOIS.
Oui, monsieur, quand vous faisiez l'aimable
Près de la jeune Alix, derrière vous, à table,
La serviette au coude et l'assiette à la main,
J'étudiais de l'œil ce pauvre cœur humain.
Henriette, pendant qu'on mangeait le potage,
N'a rien laissé, monsieur, percer sur son visage ;

Mais ce fut différent à l'instant du turbot,
Une pâleur couvrit son front tout aussitôt,
Lequel, il m'en souvient, devint rouge écarlate,
Quand parut le filet à la sauce tomate ;
Puis un dépit jaloux roula dans son regard,
Au moment où votre oncle entamait le homard ;
Et, je crois franchement, qu'elle était bien malade
Comme je finissais de tourner la salade...
La victoire est à nous !...

AUGUSTE.

Tu crois l'expédient
Que j'ai pris assez bon ?...

DUBOIS.

Assez bon ?... Excellent !...
Molière — vous savez, ce grand maître d'école,
Fait dire à Gros-René cette belle parole :
(Il cherche et se gratte le front.)
Je ne me souviens plus très-bien de ce qu'il dit ;
Mais il avait raison, monsieur, sans contredit,
A preuve... vous savez, Lisette ?... elle est gentille :
Ce matin, je faisais la cour à cette fille,
Histoire de causer et de rire un instant.
Brrrt... des soufflets... clic, clac, le tout à l'avenant.

AUGUSTE.

Eh bien ?

DUBOIS.

J'ai regardé d'un œil très-favorable
La fille Madelon, vassale remarquable,
Aussi laide, monsieur que le vin du terroir
Est mauvais. — Bref, Lisette en est au désespoir ;

Elle est jalouse... donc elle est à moi! — C'est elle,
(*Lisette paraît au fond.*)
Monsieur, n'ayons pas l'air de la voir, la donzelle,
Ne me démentez pas! — Enfin, résignons-nous;
Moi, je suis amoureux de Lisette...

LISETTE, *au fond*,

Ah! ah!...

DUBOIS.

Vous,
De la maîtresse...

LISETTE.

Tiens!

AUGUSTE.

Animal, imbécile...
Tais-toi!...

DUBOIS.

Oui vous l'aimez!! *(Bas.)* Je fais du mascarille!
Ne craignez rien, monsieur!...

DUBOIS, *haut*.

Que diable! imitez-moi,
Monsieur; j'aimerais mieux souffrir je ne sais quoi
Que de laisser savoir mon amour à Lisette.
Cette fille est bavarde, intrigante, coquette,
Médisante, menteuse... Elle a chaque défaut
Qui convient pour servir des maîtres comme il faut!..

LISETTE.

Ah, tu me le paîras!...

DUBOIS.

Hum!... si ces deux femelles
Savaient ce qu'il en est... quel triomphe pour elles!

Dire que pour venger notre oncle, nous voulions
Les mitrailler du feu de nos séductions...
Et que, bien malgré nous, notre beau stratagème
A malheureusement tourné contre nous-même...
Comme elles gloseraient alors à nos dépens,
Vous comprenez, monsieur, qu'il faut être prudens,
Afin de les priver de ce plaisir barbare...

AUGUSTE.

J'éprouve le besoin de fumer un cigarre.

DUBOIS.

Oui... c'est cela, monsieur; bien... Étourdissez-vous!

(*Ils sortent.*)

SCÈNE II.

LISETTE, puis HENRIETTE.

LISETTE, *seule*.

Ça veut lutter avec des femmes comme nous!...
Certe, l'homme est puissant, sa science est profonde;
Il peut, quand il le veut, bouleverser le monde,
Détrôner celui-ci, couronner celui-là...
Nous daignons le laisser régner sur tout cela.
Mais le cœur de la femme est comme un labyrinthe
Que l'on ne doit jamais aborder qu'avec crainte;
Et fût-on financier, philosophe, empereur,
Quand on veut pénétrer au fond de notre cœur,
Il faut bien humblement qu'on s'agenouille, en sorte
Que de notre plein gré nous ouvrions la porte...

Notre cœur est fermé. Longtemps on frappera;
Mais, certe, il fera chaud quand on leur ouvrira!...
Voici madame... bien!

HENRIETTE, *entrant.*

C'est toi...

LISETTE, *froidement.*

Madame a-t-elle
Besoin de moi?...

HENRIETTE.

Mais non...

(*Lisette va pour sortir.*)

Ah!...

LISETTE, *revenant.*

Madame m'appelle?

HENTIETTE, *avec impatience.*

Qu'elle est sotte!...

LISETTE.

Oh, mon Dieu!... madame me le dit
Bien assez... Je sais bien que je n'ai pas d'esprit;
Je ne serai jamais rien qu'une domestique.
On ne m'a pas appris la danse et la musique...
Et l'on sait que les gens de ma condition
Reçoivent rarement de l'éducation.
Cependant, si j'avais des gens à mon service,
Mon cœur seul suffirait pour leur rendre justice;
J'éviterais toujours de leur faire sentir...

HENRIETTE.

Cette fille a juré de me faire mourir...
Il me semble pourtant que je suis assez bonne
Pour vous...

LISETTE.

Oh! je sais bien que madame me donne
Des gages assez gros!... Quand elle n'en veut plus,
Elle me donne aussi ses robes, ses fichus...
Oh! oui, je sais combien madame est généreuse;
Et toute autre que moi se trouverait heureuse.
Mais j'abandonnerais tout cela de bon cœur,
Afin qu'on me parlât avec plus de douceur...
Et ce matin encor, madame m'a traitée...

HENRIETTE.

Pardonne-moi... j'étais agacée, irritée...
Et franchement, dis-moi, n'avais-je pas raison?
Parce qu'à sa personne on fait attention,
Cette petite Alix se croit de l'importance...
Ce jeune homme est un fat... rempli d'impertinence,
Sans usage, sans cœur, d'un ton familier...
A son esprit factice il semble se fier...

LISETTE.

Il est pourtant gentil, ce jeune homme — malpeste,
Nous pourrions, malgré nous, l'aimer.

HENRIETTE.

Je le déteste...

LISETTE.

Il est donc convenu que nous ne l'aimons pas;
Nous n'aimons pas non plus mons Dubois; dans ce cas
Nous pouvons nous venger, madame, aujourd'hui

HENRIETTE.   [même.

Que veux-tu dire?...

LISETTE.

Rien... Ce jeune homme vous aime...

HENRIETTE.

Il m'aime!... Non... tu mens, Lisette... Il m'aimerait!
Dis-moi... Comment as-tu découvert son secret?...

LISETTE.

Voici le fait : c'était, madame, par vengeance,
Et l'on voulait vous rendre offense pour offense...
Vous avez repoussé l'amour du colonel,
C'est un grave délit... c'est un cas criminel...
Et monsieur son neveu, son futur légataire,
Voulait en un clin d'œil vous séduire... vous plaire,
Se faire idolâtrer... et, sûr de votre amour,
En rire froidement et vous dire bonjour!
Mais, comme un papillon se brûle à la chandelle,
Ainsi, notre orgueilleux ne bat plus que d'une aile,
Rampe, rase le sol... si ce n'était pitié,
Vous pourriez en finir en l'écrasant du pié!

HENRIETTE.

Pauvre jeune homme, il m'aime!...

LISETTE.

                Et c'est bonne justice...
Et cela sans espoir... ce sera son supplice...

HENRIETTE.

Il m'aime!... Et cependant l'hypocrite semblait
Ne voir que ma cousine, et toujours lui parlait!

LISETTE.

Bah! ce n'était qu'un jeu, madame, une grimace,
Un prétexte... Il n'osait vous regarder en face!

HENRIETTE.

Il m'aime... Ce jeune homme est aimable, charmant!

LISETTE, *à part.*

Oh ! là, là...

HENRIETTE.

D'un beau nom, d'un esprit séduisant.

LISETTE, *à part.*

Ça va mal !

HENRIETTE.

Mais, je vois le baron qui s'approche...
Je veux, de ce complot, lui faire le reproche...
Lisette, laisse-nous.

LISETTE.

Très-bien, madame — hélas !
(*Elle sort.*)

SCÈNE III.

HENRIETTE, LE COLONEL.

HENRIETTE.

Ah !... c'est vous, colonel... je ne vous voyais pas...

LE COLONEL, *avec une sensibilité emphatique.*

Les rides de mon front me donnent l'avantage
De paraître invisible aux femmes de votre âge !

HENRIETTE.

Dieux ! baron, de quel ton vous me dites cela...
Quel air sombre et fatal... je doute que Talma,
Dans le rôle d'Oreste...

LE COLONEL.

Il aimait Hermione,

Madame, et vous devez savoir mieux que personne
Que la fille d'Hélène avait un grand défaut...
HENRIETTE.
C'était...
LE COLONEL.
D'être coquette un peu plus qu'il ne faut !
Cruelle !...
HENRIETTE.
Vous jouez fort bien la tragédie,
Mais laissons Hermione et la mythologie
De côté, s'il vous plaît... et parlons simplement.
Asseyons-nous... daignez m'écouter un moment.
Je veux vous faire ici juge de ma conduite ;
Ne m'interrompez pas ; vous répondrez ensuite ..
LE COLONEL, *à part, en s'asseyant.*
Où veut-elle en venir ?
HENRIETTE.
Oui, colonel, je veux,
Dans ce qui s'est passé, juger qui de nous deux,
Avec plus de raison, a le droit de se plaindre !
Quoique femme, baron, je n'ai pas l'art de feindre ;
Je dis toujours tout haut ce que je pense bas...
Je suis sincère enfin : vous, vous ne l'êtes pas,
Je vous le prouverai... Vous me dites coquette ?
C'est possible, baron, je ne suis pas parfaite...
Mais avec vous, je crois ne l'avoir jamais été.
Vous avez de l'esprit, de l'amabilité,
J'excitais les propos de votre flatterie,
Comme un dernier reflet de la galanterie,
De cet esprit français qui meurt de jour en jour...

Comme n'étant qu'un jeu, non comme de l'amour !
Mais tout à coup, voilà qu'une subite flamme,
Un vésuve effrayant éclate dans votre âme !...
Vous demandez ma main, vous voulez m'attendrir
Avant de me donner le temps de réfléchir...
Je vous ai dit alors nettement ma pensée
Sans croire que votre âme en pût être offensée.
Si j'eusse été coquette, aurais-je ainsi, baron,
A votre aveu subit dit brutalement : non ?...
Croyez qu'une coquette eût avec complaisance
Jeté dans votre cœur un rayon d'espérance...
Elle vous eût enfin, de son regard puissant,
Enchaîné pour toujours à son char triomphant,
Et, devant l'univers, se fût fait un mérite
D'un brave et vieux soldat soupirant à sa suite !!...

LE COLONEL.

Ne nous étendons pas plus longtemps là-dessus ;
Je fus très-ridicule, enfin, n'en parlons plus...

HENRIETTE.

Ridicule ? non pas — quoi qu'elle puisse dire,
Une femme sait gré de l'amour qu'elle inspire...
Ce n'est point de m'aimer, que moi je vous en veux...
C'est d'avoir contrefait un pardon généreux,
De m'avoir accordé tout haut votre indulgence
Quand vous formiez tout bas des projets de vengeance
Est-ce bien, répondez ? — J'écoute maintenant.

LE COLONEL, *balbutiant*.

Madame... je...

HENRIETTE.

Tenez, vous n'êtes qu'un enfant !...

Ne vous excusez pas, car je veux être bonne...
Je sais tous vos complots; eh bien...je vous pardonne.

LE COLONEL.

On vous abuse...

HENRIETTE.

Oh ! non...

LE COLONEL.

Mais mon intention...

HENRIETTE.

Etait de m'appliquer la loi du talion...
Mais hélas ! il paraît que, sans que je m'en doute,
J'ai détruit vos projets, mis l'armée en déroute...
Et que votre neveu, pour qui je ne sens rien,
M'adore...

LE COLONEL.

Il se permet!... voyez-vous le vaurien,
(à part.)
Le maladroit !

HENRIETTE.

Baron, je suis sûre qu'il m'aime
Comme un fou — mais voyez, je suis la bonté même...
Après ce qu'il a fait, je m'intéresse à lui,
Je crains son désespoir... baron, dès aujoud'hui,
Tâchez adroitement de lire dans son âme ;
Sans doute, il va vouloir vous déguiser sa flamme,
Insistez — je voudrais vous sauver un remord...
Vous ne voudriez pas vous reprocher sa mort,
N'est-ce pas ?...

LE COLONEL.

Mon Dieu, non, je ne veux pas qu'il meure...

(*à part.*)
L'animal!...

HENRIETTE.

Ainsi donc, parlez-lui tout à l'heure...
Je suis loin de l'aimer — mais par égard pour vous,
Je veux bien étouffer mon trop juste courroux;
Et, si pour le sauver, il devient nécessaire...
Que... je l'épouse, eh bien... je suis prête à le faire;
C'était là ma réponse à votre trahison.
Vous voyez qu'une femme a quelquefois du bon!...
(*Elle sort.*)

SCÈNE IV.

LE COLONEL, *puis* ALIX.

LE COLONEL, *seul.*

C'est qu'il croyait avoir un cœur invulnérable,
L'imbécille! — il est pris à son tour — que le diable
L'emporte avec son air de ne douter de rien!...
Devais-je être penaud, pendant cet entretien;
Mais voilà le joli... c'est elle qui pardonne
Maintenant, et c'est nous qu'elle charge en personne..

ALIX, *entrant, à part.*

Il est seul! — Colonel?

LE COLONEL.

Ah! c'est vous, mon enfant?

ALIX.

Oui... baron... je voulais...

LE COLONEL.
Mon Dieu ! quel air tremblant !...
ALIX.
C'est que je...
LE COLONEL.
Vous semblez vous troubler à ma vue,
Que veut dire ?...
ALIX.
En effet, oui, je me sens émue...
LE COLONEL, *à part.*
Ah ça, mais tout ceci devient mystérieux
En diable — mais que vois-je... elle baisse les yeux
Devant moi !...
ALIX.
Colonel !... je sais bien que l'usage
Défend cette démarche aux filles de mon âge...
Je le sais... cependant, dans cette occasion
Je crois de mon devoir d'y faire exception...
Car, vous savez, baron, que je n'ai plus mon père...
Vous connaissez l'état où se trouve ma mère ;
J'ai peur d'inquiéter, de troubler son repos,
C'est pourquoi... j'ai jugé qu'il était à propos
De m'adresser d'abord à votre expérience,
De vous ouvrir mon cœur, avec la confiance
Qui j'aurais en mon père...
LE COLONEL.
Et moi, dès ce moment
Je vais vous écouter comme ma propre enfant !...
ALIX.
Oh ! que vous êtes bon !...

LE COLONEL, *la baisant au front.*

Embrassez-moi, ma fille...

(*A part.*)

J'aurais été, je crois, bon père de famille !..

(*Haut.*)

Devant moi, maintenant, il ne faut plus trembler !...
J'écoute. De quoi donc vouliez-vous me parler ?...

ALIX.

C'est de votre neveu...

LE COLONEL, *vivement.*

Ma pauvre enfant... qu'entens-je?
Vous l'aimeriez ?..,

ALIX.

Non, non... mais, baron, c'est étrange...
Depuis qu'il est ici, ce qui se passe en moi...
Je sens, au fond du cœur, comme un secret effroi !...

LE COLONEL.

Que veut dire ceci ?...

ALIX.

Ce que c'est ?... je l'ignore...
Mais peut-être, au château, s'il revenait encore...
Si je le revoyais... j'aurais peur de finir
Par...

LE COLONEL.

Il faut le prier de ne plus revenir;
Je comprends.. C'est cela que vous voulez, sans doute.
Dès demain, de Paris il reprendra la route...

ALIX.

Je ne dis pas cela... C'est à vous de savoir,
Colonel, si je peux... si je dois le revoir...

Depuis qu'il est ici, je n'ai, je le confesse,
Qu'à louer sa bonté pour moi, sa politesse;
Et, dans le peu de mots aimables qu'il m'a dit,
J'ai cru voir un bon cœur, caché sous son esprit...
Si, comme je le crois, c'est un homme sincère,
S'il comprend à quel point j'aime ma bonne mère,
Si son but est loyal... il peut ne pas partir,
Et même parmi nous quelquefois revenir...
LE COLONEL, à part.
Elle l'aime!... Morbleu! voilà qui se complique,
Et tous ces amours-ci vont tourner au tragique!
Comment faire à présent pour la désabuser?...
Pauvre enfant!... J'en suis sûr, son cœur va se briser!
(*Haut.*)
Auguste ne m'a pas fait part de ce qu'il pense,
Mais je crains...
ALIX.
Quoi, baron, vous gardez le silence?...
Je devine... Mais non, cela ne se peut pas...
Ce jeune homme ne peut avoir le cœur si bas...
LE COLONEL.
Mon Dieu, non!... mais, enfin, c'est un homme du [monde,
Alix... c'est là-dessus que ma crainte se fonde...
ALIX, avec émotion.
Si, comme vous croyez, baron, votre neveu
De ma simplicité voulait se faire un jeu...
Qu'il s'éloigne à l'instant... oh! je vous en supplie!
Et qu'il ne fasse pas le malheur de ma vie!...
Je sais qu'un tel aveu n'est pas bien de ma part.
Vous ne m'en voulez pas, mon bon monsieur Bernard?

Je sens jusqu'à mon front que la rougeur me monte....
Oh! ne lui dites rien .. car j'en mourrais de honte!
(*Elle cache en pleurant sa figure sur la poitrine du baron.*)
LE COLONEL, *ému.*
Du courage... voyons... je ne lui dirai rien...
Mais je saurai son but... et vous jugerez bien...
Par son départ subit, ou bien par sa présence,
S'il faut, sur ses propos, fonder quelque espérance!
(*Elle sort.*)

SCÈNE V.

LE COLONEL, puis AUGUSTE.

LE COLONEL, *seul.*
Je ne puis pourtant pas, au gré de toutes deux,
M'acquitter... L'imbécile, au lieu d'être amoureux
D'Alix... la pauvre enfant!... Pour trouver une issue,
En vain, dans mon cerveau, mon esprit s'évertue...
Je cherche... et je ne vois qu'un fâcheux dénoûment;
Mais je vois mon neveu s'avancer lentement.
Ciel! comme il est changé!.. quel air mélancolique!..
Il écrit...

AUGUSTE, *sans voir son oncle, à demi-voix.*
Il me faut la racine cubique
De B multiplié par X...
LE COLONEL, *à part.*
Apparemment,
C'est qu'il veut se tuer, et fait son testament...

AUGUSTE.

On aura du charbon là, dans le voisinage,
J'en suis sûr...

LE COLONEL, *à part.*

Du charbon...! Amour, vois ton ouvrage!
Il veut s'asphyxier... Auguste, mon neveu!

AUGUSTE.

Mon oncle?...

LE COLONEL.

M'aimes-tu toujours?...

AUGUSTE.

Certe...

LE COLONEL.

Morbleu!
Si tu m'aimes... pourquoi me cacher quelque chose?

AUGUSTE.

Je ne vous cache rien...

LE COLONEL.

Alors quelle est la cause
Qui te fait promener solitaire et rêveur?...

AUGUSTE, *avec mystère.*

Eh bien, donc, sachez tout...

LE COLONEL, *à part.*

Quelle sombre douleur!
Pauvre garçon!.. Je sens que mon regard se mouille...

AUGUSTE.

Je viens de découvrir une mine de houille!...

LE COLONEL.

Ah bah!

AUGUSTE.

Superbe ! elle est à gauche de l'étang...
Et presque à fleur du sol... Vous avez de l'argent,
Achetons le terrain... Cette affaire est fort belle :
Cent, deux cent mille francs... c'est une bagatelle...
Payez-les... nous mettrons la chose en actions,
Et nous pouvons gagner cinq à six millions !...

LE COLONEL.

Hélas !

AUGUSTE.

Comment ?

LE COLONEL.

L'amour t'aura tourné la tête !...

AUGUSTE.

L'amour ?...

LE COLONEL.

Oui, ton amour pour la belle Henriette ;
Et tu veux te tuer...

AUGUSTE.

Vraiment ?

DE COLONEL.

Oui, je sais tout !...
Tu n'accompliras pas ton projet jusqu'au bout,
Auguste, tu vivras... tu dois vivre, te dis-je...
Elle n'a pas dit non... dissipe ce vertige...

AUGUSTE, *riant*.

Ah, je veux me tuer !

LE COLONEL.

Je n'y comprends plus rien !...
Il raille... Finissons ce stupide entretien...

L'ONCLE VENGÉ.

Dis... laquelle aimes-tu d'Alix ou d'Henriette?...

AUGUSTE, *riant*.

Qui... moi?.. Je ne sais pas ce qui vous passe en tête...

LE COLONEL.

Enfin...

AUGUSTE.

Je n'ai d'amour pour aucune des deux!

LE COLONEL.

Mais ces deux femmes-là t'adorent, malheureux!
Je viens de recevoir leur double confidence...
Qu'allons-nous devenir dans cette circonstance?

AUGUSTE.

Mon oncle, c'est charmant!... La feinte de Dubois
Réussit à merveille!...

LE COLONEL.

Ah c'est charmant!... Tu crois?...
Eh bien, mon cher neveu, si tout cela t'amuse,
A ton aise, poursuis... quant à moi, je refuse
Un seul instant de plus de tremper là-dedans...
J'ai dit... sur ce... bonsoir!...

AUGUSTE.

Vous fuyez de céans
Au moment décisif... non, je ne le puis croire;
Songez que nous allons remporter la victoire,
Que vous serez vengé!...

LE COLONEL.

Ta, ta, ta... c'est fort bon...
J'écoute de sang-froid l'aboîment du canon;
Mais une douce voix me fait perdre la tête,
Je ne sais plus que dire... et je deviens d'un bête...

Enfin, quoi qu'il en soit, j'aime mieux m'en aller!
Ces dames sont par-là... tu pourras leur parler
Toi-même... Pauvre Alix! cette enfant m'intéresse,
Et j'aurais fort aimé qu'elle devînt ma nièce!..
C'est mal d'avoir ainsi brisé son pauvre cœur!...

AUGUSTE.

C'est le sort des combats!...

LE COLONEL.

Monstre!... J'ai bien l'honneur...

(*Il sort.*)

SCÈNE VI.

AUGUSTE, *puis* ALIX *et* HENRIETTE.

AUGUSTE, *seul.*

Oui, s'être ainsi joué de cette jeune fille,
C'est lâche!... Pauvre Alix, si douce et si gentille...
Il paraît qu'elle a pris la chose au sérieux...
Hum... Il faut arranger tout cela pour le mieux...
Hé... comment?.. L'épouser... ce moyen serait sage;
Mais je ne me sens pas mûr pour le mariage.
Il faut avant se faire une position,
Que je n'ai pas... Et puis, là-bas, que dirait-on,
Dans les obscurs recoins de la loge infernale!
« Cet effronté railleur de la foi conjugale,
» Pour tuer quelque cerf, avait quitté Paris.
» Le voilà qui revient le meilleur des maris!...»
Bah! si j'aimais quelqu'un, ce n'est point leur satire

Qui... Je voudrais bien voir qu'on se permît de rire!..
Que faire... c'est Alix!... Bon! Henriette aussi!...

  HENRIETTE, *entrant par le fond sans voir Auguste,*
  et apercevant Alix qui entre par la gauche.

Alix, je te cherchais...

  ALIX, *à part, avec joie, en voyant Auguste.*

     Il est encore ici!...

(*Haut.*)
Savez-vous bien, monsieur, que ce n'est pas aimable
De nous quitter ainsi, tout au sortir de table?...

    AUGUSTE.

Je...

   HENRIETTE, *riant.*

 C'est un genre anglais...

    ALIX.

     Ah! je ne savais pas...
On vous a vu, monsieur, lentement, pas à pas,
Le chapeau sur les yeux, l'air sombre, l'œil farouche,
Vous erriez dans le parc, un cigarre à la bouche!

    AUGUSTE.

C'est pourquoi je me suis éloigné... j'avais peur...

    ALIX.

De nous incommoder!... Mais j'aime assez l'odeur
Du cigarre...

    AUGUSTE.

  Vraiment!...

     Et si je me marie,
Mon mari fumera...

   AUGUSTE *à part, riant.*

    Charmante prophétie!...

L'intention, du reste, est facile à saisir....

HENRIETTE, *à part.*

Quoi, pas même un seul mot?...

ALIX, *à part.*

Henriette le gêne...

HENRIETTE.

Où donc est le baron ?

AUGUSTE.

Mon oncle?... Il se promène
Dans le parc. (*A part.*) Je voudrais pouvoir en faire

ALIX. [autant.

Il doit être à pêcher sur le bord de l'étang...

AUGUSTE.

Lui ?

ALIX.

C'est un amateur !...

AUGUSTE.

Un amateur de pêche,
Mon oncle ?...

ALIX.

Oui ; le soir, lorsque la brise est fraîche...
Car notre étang, monsieur, fourmille de poisson !

AUGUSTE.

Ah !

ALIX.

Nous avons aussi du gibier à foison...
Si vous êtes chasseur...

AUGUSTE.

Vraiment, mademoiselle,
Votre mère possède une terre fort belle !...

ALIX.

Vous n'avez encor vu que le parc seulement;
Ce côté-ci, monsieur, c'est le bien d'agrément;
Mais de l'autre côté, jusqu'au bout du village,
Nous avons deux grands bois, puis un beau pâturage
Dans lequel on élève un excellent bétail...

AUGUSTE, *à part.*

Je comprends... de sa dot elle fait le détail.

ALIX.

Mon père s'occupait beaucoup de cette terre.
Ce qu'il aimait surtout...

HENRIETTE.

En vérité... ma chère,
A tous ces détails-là monsieur est étranger...
Vas-tu parler aussi du jardin potager?...

ALIX.

Cousine... pourquoi pas?... Monsieur, je le parie,
S'accoutumerait vîte à ce genre de vie,
Et finirait, je crois, par s'y plaire beaucoup...

HENRIETTE.

Moi, je crois que la ville est seule de son goût!

AUGUSTE.

Mesdames... ce matin, je vous ai fait connaître
Mes goûts... Certainement, l'existence champêtre
Me charme... Mais Paris... c'est le champ aux projets;
Et l'un et l'autre, enfin, ont pour moi des attraits!...

HENRIETTE.

Mais s'il fallait opter ou pour l'un ou pour l'autre,
Parlez sincèrement... quel choix serait le vôtre?...

ALIX.

Vous ne répondez pas?

AUGUSTE.

Laissez-moi réfléchir...
(A part.)
Je ne vois que trop bien où l'on veut en venir...
C'est fort embarrassant,.. Et si je me prononce...

ALIX.

Eh bien, nous attendons, monsieur, votre réponse?..

AUGUSTE.

S'il me fallait choisir... Mais que me veut Dubois?
(A part.)
Il survient à propos...

DUBOIS.

Un courrier aux abois
Arrive de Paris à l'instant, et demande...

AUGUSTE.

Qu'il retourne au château de mon oncle, et m'attende.

ALIX.

Y pensez-vous, monsieur? c'est peut-être important...

AUGUSTE.

Puisque vous permettez... Je reviens dans l'instant.

(Il sort.)

SCÈNE VII.

ALIX, HENRIETTE.

ALIX, *à elle-même.*
Le colonel a dû lui parler, j'imagine...

Et, puisqu'il ne part pas... alors...
HENRIETTE.
Chère cousine,
A quoi penses-tu donc?
ALIX.
Moi, ma cousine?.. A rien...
HENRIETTE.
(*Un silence.*)
Comment le trouves-tu, ce jeune homme?
ALIX.
Très-bien.
HENRIETTE.
(*Un silence.*)
Je crois qu'il pourrait faire un bon mari?
ALIX.
Peut-être...
HENRIETTE.
(*Un silence.*)
Quant à moi, je le trouve un peu trop petit-maître.
ALIX, *a part*.
Elle qui ce matin voulait me marier...
Je ne sais maintenant s'il faut lui confier...
HENRIETTE.
Tu ne dois pas avoir à me gronder, j'espère?...
ALIX.
Pourquoi?
HENRIETTE.
Je n'ai rien fait pour tâcher de lui plaire.
Cependant il paraît que, malgré ma froideur,
Il m'aime. En vérité, c'est jouer de malheur!...

ALIX.

Il faut que ta bonté, cousine se rassure;
Tu te trompes...

HENRIETTE.

Hélas!.. je n'en suis que trop sûre...

ALIX.

Ainsi donc, c'est pour toi qu'il ressent de l'amour,
Cousine, et c'est à moi qu'il vient faire sa cour?...

HENRIETTE.

Qu'elle est simple!... C'était une ruse de guerre!...

ALIX, *pâlissant.*

O ciel! il serait vrai?...

HENRIETTE.

Certainement, ma chère.
Il me croit insensible, et fière on ne peut plus,
Et c'est pour éviter la honte d'un refus
Qu'il s'obstine à se taire et qu'il ne veut pas même
Me laisser soupçonner jusqu'à quel point il m'aime...
Mais il a tort... Et s'il me demandait ma main,
Je crois... Tu me donnais ce conseil, ce matin...
Que je l'épouserais?.. Il faut qu'on se marie,
Disais-tu, pour guérir de la coquetterie!...
Tu comprends.

ALIX, *à part avec émotion.*

Oh! mon Dieu... qu'elle ne sache rien....
(Haut.)
Mais s'il t'aime... je crois que tu feras très-bien...

HENRIETTE.

Il m'aime, c'est certain... Le tout est de s'entendre...
J'ai chargé le baron de lui faire comprendre

Qu'il peut parler sans crainte... eh bien, je parirais
Qu'il n'a rien dit encore et qu'il le fait exprès...

ALIX.

Moi je lui parlerai !...

HENRIETTE.

Toi, cousine ?

ALIX.

Moi-même ;
Oui, je veux le forcer de m'avouer qu'il t'aime...
Car, sans nul doute, il t'aime... il t'aime éperdûment.
Et cela ne pouvait être différemment...
Personne à tes attraits ne saurait se soustraire,
Et, toi seule en ces lieux a le secret de plaire !...
Mais puisque ta beauté s'humanise à la fin...
Je veux l'encourager à demander ta main...

HENRIETTE.

Qui... toi ! pour tout de bon ?...

ALIX.

Pour tout de bon... J'avoue
Que depuis ce matin le rôle que je joue,
Sans m'en douter, est fait pour donner du dépit...
Quand je pense à présent que tout ce qu'il m'a dit...
Mais enfin c'est passé... Mon unique vengeance
Sera... Mais je le vois, cousine, qui s'avance...
Laisse-nous...

HENRIETTE.

Quoi, vraiment, ma bonne Alix, tu veux
Lui parler ?...

ALIX.

Oui, va-t-en, laisse-nous seuls tous deux...

(*Henriette sort.*)

SCÈNE VIII.

ALIX, *puis* AUGUSTE.

ALIX.

Etais-je folle au moins de le croire sincère,
Et pouvait-il m'aimer?.. Mon Dieu, mon cœur se serre,
Et, malgré moi, je sens des larmes dans mes yeux...
C'est lui... contenons-nous...

AUGUSTE, *à part*.

Elle est seule... Tant mieux!..

ALIX, *à part*.

O ciel ! de lui parler aurais-je le courage...

AUGUSTE.

Madame, ce courrier me remet un message
Qui me force à partir au plus tôt pour Paris ;
Demain, au point du jour, je quitte le pays...
Vous voudrez m'excuser, si dans ce cas extrême,
J'ose vous présenter mes adieux ce soir même...

ALIX.

Mais nous nous reverrons à Paris... cet hiver...
Dans le monde, monsieur, on peut se retrouver...

AUGUSTE.

Et ne vous dois-je point d'ailleurs une visite?...
Mais ce n'est point ces lieux seulement que je quitte,
C'est la France, je dois suivre l'ambassadeur
En Egypte.

ALIX.

Aussi loin!.. Mais nous aurons l'honneur
Du moins l'été prochain de vous revoir...

AUGUSTE.

Sans doute;
Cependant en songeant qu'il faut me mettre en route
Aussi subitement.. pour la première fois...
J'éprouve, je ne sais quel.....

ALIX, *souriant avec amertume.*

Je m'en aperçois...
Ma cousine est en haut, mais elle va descendre...
Je vais la prévenir...

AUGUSTE, *vivement.*

Non... non... je puis attendre...

ALIX.

Quoi, ne voulez-vous pas aussi lui dire adieu?

AUGUSTE.

Si... certainement... mais...

ALIX, *à part.*

Il se trouble... O mon Dieu...
C'est donc vrai?...

AUGUSTE, *à part.*

Je croyais ne ressentir pour elle
Rien qu'un peu d'amitié!

(*Haut.*)

Pardon, mademoiselle,
Mais vous devez trouver que depuis un instant,
Il s'est dans mon esprit fait un grand changement...
Hélas! ce n'est souvent qu'au moment de l'absence
Que notre esprit comprend ce que notre cœur pense...
Et pour parler on craint que ce ne soit trop tard!...

ALIX.

Mais si je vous disais que malgré ce départ,

De votre propre sort, vous seul êtes le maître?...
AUGUSTE.
Alix... Il serait vrai ?
ALIX.
Tenez, j'aurais peut-être
A me plaindre de vous, car vous avez été
Si prodigue envers moi d'esprit et de bonté,
Que très peu faite au monde et sans expérience
Je pouvais me bercer d'une folle espérance...[rien...
Mais j'ai bien vu, Monsieur, que vous n'en pensiez
Vous vouliez seulement vous donner un maintien...
Et, lorsque votre cour me semblait adressée,
Ma cousine absorbait toute votre pensée...
AUGUSTE.
Comment! vous le croiriez ?
ALIX, *vivement*.
Je ne vous en veux pas !
Et loin de prolonger ici votre embarras...
Je veux vous être utile autant qu'il m'est possible...
Vous croyez ma cousine orgueilleuse, insensible,
Parce que ce matin... Mais est-ce une raison
Pour que si vous parliez elle réponde : non ?...
A demander sa main, monsieur, je vous engage,
Car je connais son cœur depuis notre jeune âge,
Elle a le caractère aimable, affectueux,
   (*Avec émotion.*)
Avec elle, je crois que vous serez heureux !...
AUGUSTE, *se jetant à ses pieds*.
Non.. non... car vous pleurez... Oh vous êtes un ange!
Et je n'aime que vous... que vous seule...

ALIX.

Qu'entends-je !
Qui? moi... vous vous trompez, monsieur, relevez-vous.

AUGUSTE.

Non, les anges du ciel s'adorent à genoux !
Oh ! que vous êtes belle!! Alix, soyez ma femme,
Je vous offre mon sang et ma vie et mon âme,
Un amour éternel... et ce n'est rien encor,
Non, rien... pour posséder un semblable trésor!!

ALIX.

Mon Dieu, tu n'es pas là, ma mère pour l'entendre !

SCÈNE IX.

Les mêmes, LE COLONEL.

LE COLONEL.

Auguste, partons-nous? Tu te fais bien attendre...
Mais que vois-je ?

ALIX, *au colonel.*

Il m'aimait!!...

LE COLONEL.

En croirais-je mes yeux ?

AUGUSTE.

J'aime et j'épouse Alix, mon oncle.

LE COLONEL.

C'est heureux !
Enfin, selon mes vœux le drôle s'emmourache...
Une larme a coulé sur ma vieille moustache !

Auguste, mon château... tous mes biens sont à toi...
Enfants, je suis content, ma nièce embrasse-moi!!

ALIX, *à part.*

C'est elle!

SCÈNE X.

AUGUSTE, ALIX, LE COLONEL, HENRIETTE, DUBOIS, LISETTE.

LE COLONEL.

La voilà!

ALIX.

Mon Dieu, comment lui dire...

(*A part à Henriette, lui prenant la main.*)

Pardon...

HENRIETTE, *avec élan.*

Te pardonner, qui, moi? mais je t'admire;
Viens, dans mes bras, ma sœur, viens, j'ai tout entendu
Possède sans remords le bonheur qui t'est dû,
Par toi, le dévoûment vient d'entrer dans mon âme,
Mes yeux pleurent, je vis! mon cœur bat, je suis femme!
Colonel, c'est à moi d'obtenir mon pardon...

LE COLONEL.

Vous vous moquez, je fut très-ridicule...

HENRIETTE.

Non!
Vous m'offriez votre cœur, de cet honneur insigne

Je me fis un hochet, je n'en étais pas digne,
Mais vous ne serez pas généreux à demi;
Pardonnez-moi, baron, et restez mon ami!
(*Elle lui tend la main.*)

LE COLONEL.

C'est fait de moi, je sens encore que je l'aime!

HENRIETTE.

Lisette, nous partons pour Paris ce soir même.

DUBOIS, *à Lisette*.

Tu dois te résigner à ne plus me revoir...

LE COLONEL, *à Dubois*.

Dubois, nous partirons pour Paris dès ce soir.

DUBOIS, *à part*

Ouf! je suis pris.

(*A Lisette.*)
Adieu, pour toujours!

LISETTE.
Qu'est-ce à dire?

Et ta promesse?

DUBOIS, *lui tendant la main.*
Bon, je dis cela pour rire...,

LISETTE, *à part.*

Dissimulons! mais quand il sera mon mari,
Nous verrons!

DUBOIS.

Que dis-tu?

LISETTE.
Rien, mon petit chéri...

DUBOIS.

Je sais si je t'épouse, ô charmante Lisette
A quels événements je prépare ma tête...
Cela viendra bientôt, si j'en crois ta beauté,
Et quoique de nos jours ce soit si bien porté,
Et que sur ce chapitre on soit si philosophe...
Lorsque m'arrivera l'affreuse catastrophe,
Au nom de mon repos, Lisette, tâche bien
Que le pauvre Dubois n'en sache jamais rien.

FIN DE L'ONCLE VENGÉ.

LE DOUTE

ET

LA CROYANCE.

DRAME EN UN ACTE, EN VERS

Représenté au second Théâtre-Français, le 19 août 1848.

PERSONNAGES :

LUIDGI, poëte vénitien.
FABIO, son frère.
FRANCESCA, sa maîtresse.
PIETRO, domestique.

La scène se passe à Venise, 15...

LE DOUTE ET LA CROYANCE.

Un salon style renaissance. Trois portes vitrées au fond, donnant sur une terrasse, d'où l'on distingue une partie de Venise, à gauche de la terrasse un escalier extérieur descendant dans la ville, deux portes latérales, fermées par des tapisseries seulement.

SCÈNE Ire.

LUIDGI, FRANCESCA.

Il fait nuit, une table à droite sur le devant où Luidgi travaille à la faible clarté d'une lampe ; auprès de lui, un lit de repos où Francesca s'est endormie.

LUIDGI, *lisant lentement.*

Rien n'existait encor que le chaos immense,
Les siècles se perdaient dans l'ombre et le silence,
Plus nombreux mille fois que le sable des mers,
Et l'Éternel pensif méditait l'univers !
Mais voilà qu'entr'ouvrant sa sublime paupière,
Le feu de son regard enflamme la matière,

Elle frémit... éclate... et débris lumineux,
Les mondes, les soleils, vont rouler dans les cieux!

UNE VOIX, *en dehors, chantant.*

Le ciel est pur, la mer tranquille,
Le vent jouant dans les roseaux,
Vient s'assoupir, amant docile,
Sur le sein frémissant des eaux.
Le flot sous la rame étincelle,
L'étoile du matin pâlit.
Laissons voguer notre nacelle,
La providence nous conduit!

LUIDGI, *avec enthousiasme.*

O produit d'un moment... Éternelle merveille!
Anges du ciel.. Chantez!! la nature s'éveille!
O miracle de force et de fécondité,
L'Éternel, le Dieu seul, devient la trinité,
Elle aime!!! et tout à coup sur l'œuvre universelle,
De ce centre d'amour l'existence ruisselle!!

(*Il se tait, absorbé dans sa pensée.*)

LA VOIX, *dans le lointain.*

Pêcheurs, partons loin du rivage,
Partons, pour revenir soudain.
Bien souvent un ciel sans nuage,
Annonce l'ouragan prochain...
Le soleil luit, l'Angelus sonne,
C'est l'heure sainte, heure d'amour...
Prions Saint-Marc et la madone,
De protéger notre retour!

SCÈNE II.

LUIDGI, *absorbé*.

FRANCESCA, *se réveillant en sursaut*.

Luidgi !

LUIDGI.

Ma Francesca !

FRANCESCA.

Mon Dieu... Je te dérange ?

LUIDGI.

Non, je rêvais au ciel et je retrouve un ange.

FRANCESCA.

C'est lui.. Merci, mon Dieu !—Luidgi, je te revoi..
Mon Luidgi !..

LUIDGI.

Qu'as-tu donc ?

FRANCESCA.

Mon cœur est plein d'effroi...
Un songe... Un songe affreux... à sinistres présages...

LUIDGI.

Oh !. de ce front charmant dissipe les nuages !
Laisse-là.. du sommeil les folles visions,
Vois !. Le soleil se lève et déjà ses rayons
Chassent loin devant eux les rêves et les ombres.
Pourquoi donc attrister par des présages sombres,
Ce moment où le jour vient éclairer les cieux ?

(*Avec amour.*)

Laisse-moi reposer mon regard dans tes yeux !

Verse au fond de mon cœur ton limpide sourire !
Francesca, cette nuit.—O tourment ! O délire !
O sainte attraction de l'amour tout puissant !
Je me sentais gravir l'abîme éblouissant,
Je voyais, je touchais les voûtes éternelles...
Mais à ta voix mon âme a reployé ses aîles,
Et je suis à tes pieds... Et je sens à mon cœur,
Qu'un siècle s'est passé.. Pardonne à mon erreur,
Francesca.. Nul accord du céleste cantique
Ne vibre dans mon cœur plus doux, plus mélodique,
Que le son de ta voix.—Nulle divinité
Ne rayonne à mes yeux ainsi que ta beauté !—

FRANCESCA.

Ne parle pas ainsi, Luidgi, c'est un blasphème !

LUIDGI.

Blasphémer ! Francesca ? Blasphémer quand on aime !
Non—chaque cri d'amour parti de notre cœur
Monte comme un encens aux pieds du créateur !
Blasphémer !!—L'éternel n'a pas de jalousie,
C'est le foyer d'amour—et quand on aime... on prie !

FRANCESCA.

Comme toi.. Que ne puis-je exprimer mon bonheur,
Tu parles.. je t'écoute et je sens que mon cœur.
Répète doucement, comme un écho fidèle,
Tous les sons de la voix.—Oh que ton âme est belle !
Que je suis peu de chose, ô Luidgi, près de toi...
Ton amour est si grand qu'il me remplit d'effroi !—
    (S'agenouillant.)
Luidgi, pardonne-moi de n'être qu'une femme !

LUIDGI.

Dans mes bras! Dans mes bras! Relève-toi, mon âme.
Oh ! ne sais-tu donc pas tout ce que je te dois ?
Peux-tu donc ignorer le pouvoir de ta voix ?
Sais-tu bien que sans toi, ma belle jeune fille,
Je serais seul, tout seul, sans amis, sans famille.
Sache-le, Francesca, le poète souvent
Cache au fond de son cœur l'amour le plus ardent
Il aime éperdûment, mais sans oser le dire,
Tant son désir est pur ; il est seul, il soupire,
Souffrant par son amour il chérit sa douleur...
Demain il veut oser, demain il aura peur ;
Demain, toujours demain, ce vain espoir l'anime,
Puis il succombe enfin, solitaire victime,
Vers l'immortalité malheureux Pèlerin ,
Qui pouvait arriver et qui meurt en chemin !
Mais moi, je suis certain d'arriver jusqu'au faîte ;
Car l'amour, Francesca, c'est le pain du poète...
Et je vois à l'abri de ta chaste beauté,
Naître, croître, grandir mon immortalité.
Chacun de tes regards féconde mon génie !
Je marche triomphant dans mon œuvre infinie,
Le monument d'amour, s'élançant glorieux
De sa base terrestre, atteint déjà les cieux...
Et.. brillante au sommet de l'immense édifice,
Comme Dante, j'aurai placé ma Béatrice...
Je veux qu'à ton nom seul on se mette à genoux,
Et que de mon bonheur l'avenir soit jaloux ! —

FRANCESCA, *après un moment de tristesse silencieuse.*

Écoute-moi—je t'aime et t'ai voué ma vie...

Mais... j'ai peur; tu me vois à travers ton génie!
Tu m'aimes d'un amour qui plus tard me tuera...
Je suis jalouse enfin de cette Francesca,
Œuvre de ton esprit, et qui n'est pas moi-même...
Mon Dieu, ce n'est pas moi.. ce n'est pas moi qu'il aime!
Ouvre les yeux, Luidgi.—Que me fait l'avenir,
A moi qui ne suis rien? je n'ai qu'un seul désir,
C'est d'habiter ton cœur heureuse et solitaire,
Brûlant comme la lampe au fond du sanctuaire,
Sainte par le lieu saint qui l'abrite.. et qui meurt,
Exhalant sa dernière étincelle au seigneur !
Car je ne suis qu'un souffle, un fantôme éphémère,
Je n'ai que mon amour, il est pur et sincère,
Et je n'aime que toi.—

LUIDGI.

Pourquoi me le dis-tu?
Je n'ai jamais douté de ta chaste vertu,
Le mensonge peut-il sortir de cette bouche?
Et cette douce voix dont le son pur me touche,
Ne peut que prononcer ce mot si plein d'attraits :
Je n'aime que toi seul—Oh! si tu me trompais!! —

FRANCESCA.

O Luidgi, que dis-tu?

LUIDGI.

Je te crois mon amie ;
Mon cœur est sans soupçons, comme sans jalousie...
Pourquoi donc y penser.—J'ai confiance en toi.—

FRANCESCA, *à part.*

Ce songe était horrible et revient malgré moi...

LUIDGI.
Pour rassurer l'amour qui me déborde l'âme,
Il faut que dès demain tu deviennes ma femme.
FRANCESCA *vivement, avec effroi.*
Ta femme!
LUIDGI.
Qu'as-tu donc?
FRANCESCA, *se remettant peu à peu.*
Moi... je ne le veux pas...
Je t'aime et t'aimerai jusques à mon trépas...
Mais... laisse-moi toujours ce nom de ta maîtresse...
Afin que, si jamais je perdais ta tendresse,
Si quelqu'autre.. ô Luidgi! me chassait de ton cœur..
Je puisse encor t'aimer de mon amour de sœur!—
LUIDGI.
Oh! ne dis pas cela, tais-toi... quelle folie...
Crois-tu qu'on puisse aimer plusieurs fois dans la vie!
Ecoute, Fracesca, si jamais vient le jour
Qui doit voir se briser le nœud de notre amour,
De cet amour puissant qui tous deux nous enivre,
C'est qu'alors un de nous aura cessé de vivre.
Que dis-je? un tel amour s'éteint-il au tombeau?
Vois, ô ma Francesca, comme ce ciel est beau!...
Ne craignons point la mort; notre âme est immortelle!
Des larmes dans tes yeux...; que ta paupière est belle!
Ma femme!...j'étais fou de te parler ainsi,
Francesca... mon amante et ma maîtresse aussi;
Que m'importe le nom... je t'adore!
FRANCESCA, *à part.*
O souffrance!

SCÈNE III.

Les Mêmes, PIÉTRO.

PIÉTRO.

Mon seigneur, une lettre arrivant de Florence.
(*Il sort.*)

FRANCESCA, *à elle-même.*

De Florence?... O mon Dieu!

LUIDGI.

Francesca, c'est de lui,
De Fabio, de mon frère; il arrive aujourd'hui.
Au-devant de ses pas... tiens, vois... je dois me rendre,
Sur la place Saint-Marc il me dit de l'attendre.
Adieu!.. Mais quoi? Toujours l'air triste et soucieux?
La tristesse sied mal à de si jolis yeux.
Sèche, ô ma Francesca, cette paupière humide;
N'éteins pas de tes yeux la puissance timide. —
Vois... ce jour s'offre à nous sous un aspect riant...

FRANCESCA, *prenant une figure gaie.*

Tu dis vrai — vois, Luidgi?

LUIDGI, *la serrant dans ses bras, avec amour.*

Que la femme est enfant!

FRANCESCA.

De tant m'inquiéter, je sens que j'étais folle...
Mais ton frère t'attend...

LUIDGI.

Oui, près de lui je vole,
Je cours à sa rencontre, et l'amène en ce lieu...
Mon amie! à bientôt.
(*Il sort.*)

SCÈNE IV.

FRANCESCA, *le suivant des yeux.*

Il s'éloigne. — Oh! mon Dieu!
D'un invincible effroi, pourquoi suis-je saisie?
« Crois-tu qu'on puisse aimer plusieurs fois dans la vie? »
Il l'a dit, et pourtant je l'aime... O désespoir!
Quelle déception s'il venait à savoir...
N'y pensons pas; calmons ce trouble où je me plonge.
Eh! devrais-je après tout tant m'occuper d'un songe?
Que ne puis-je moi-même, oubliant le passé,
Voir jusques à ce nom de mon cœur effacé?—
— Je suis folle...

(Après un moment de silence.)
Chantons!
(Elle prend sa mandoline, et s'approche nonchalamment de la terrasse.)
Comme Venise est belle!
(Elle prélude un instant d'un air rêveur. Avec mélancolie:)

« —Des larmes de la nuit la rose encore humide
Se dressait, frémissante, au rayon matinal,
Et, rougissant d'amour, solitaire et timide,
Elle exhalait dans l'air son parfum virginal! —
» —Le chasseur en partant s'écriait: Qu'elle est belle!
Mais le ciel s'est couvert, et — souffla l'aquilon.
Et le soir, le chasseur revint sans parler d'elle...
Car ses débris épars erraient dans le vallon! » —

(*Elle prélude. Un silence. Écoutant.*)
Oui, cette fois, j'entends le bruit d'une nacelle :
Ce sont eux ! —
(*Elle laisse tomber la mandoline, et recule avec effroi.*)
Qu'ai-je vu !!! — Cela ne se peut pas.
(*Elle regarde encore.*)
Mais si... si... c'est bien lui.
(*Égarée.*)
Que dois-je faire, hélas !
Cet homme était son frère.—Oh ! ce serait horrible !..
Que vais-je devenir ?

Mais non... c'est impossible !
(*Elle regarde de nouveau.*)
C'est bien lui... Je me meurs...
(*Elle sort à gauche.*)

SCÈNE V.

FABIO, LUIDGI, puis PIETRO.

FABIO.

Luidgi, quel heureux jour !

LUIDGI.

Combien de fois, Fabio, j'ai rêvé ton retour !...
Enfin, je te revois... et pour longtemps, j'espère,
Nous voilà réunis.

FABIO.

Merci... merci... cher frère...,
Cher Luidgi.—Mais s'il faut te parler franchement,

Je ne m'attendais pas à cet accueil charmant.
(Riant.)
Je craignais un sermon.

LUIDGI.

Ah! le sermon d'usage;
C'est juste. — Laisse-moi composer mon visage.
(Croisant les bras, d'un ton de reproche comique.)
Enfin, te voilà donc, malheureux débauché!...
Comment t'es-tu conduit? — Où donc as-tu cherché
Le moyen de rester si longtemps en voyage,
N'ayant à dévorer qu'un modeste héritage?
Cinq ans! mais c'est très-mal lorsqu'on a quelque part
Un frère qui vous aime. — Ingrat! venir si tard!

FABIO.

C'est que je t'attendais; je voulais te contraindre
A voyager aussi! C'est moi qui dois me plaindre :
Lorsque l'on vous attend, ne pas venir du tout.

LUIDGI.

Les voyages jamais ne furent de mon goût.

FABIO.

Et pourtant c'est si beau, mon frère, les voyages!
Errer sur l'océan à travers les orages,
Et, sans s'inquiéter de ce qu'on éprouva,
Oublier d'où l'on vient pour rêver où l'on va;
Un jour se reposer chez un peuple tranquille,
Ou bien fendre l'azur d'un grand lac immobile;
Un autre, se trouver chez un peuple irrité
Qui se lève et s'émeut au mot de liberté;
Ou bien, quand l'éclair luit, lorsque la foudre gronde,
Devenir le jouet d'une mer vagabonde,

Et, suivant de son flot l'élan majestueux,
S'engloutir dans l'abîme et remonter aux cieux ;
Sans crainte, sans regret, risquer son existence...
Mon frère, accuse-moi si tu veux de démence,
C'est ainsi que je sens !

LUIDGI.

Je changerai le nom,
Tu sens absolument comme un poète.

FABIO.

Non,
Mais comme un philosophe.

LUIDGI.

Oh ! — quel regard sévère,
Et quel profond penseur !

FABIO.

Ne raille pas, mon frère.
Je suis plus vieux que toi, sois-en bien convaincu ;
Et, quoique jeune encor, j'ai déjà bien vécu.
Sans trop savoir comment j'ai dépensé ma vie,
J'ai vidé d'un seul trait ma coupe d'ambroisie ;
J'ai bu tout à la fois pour en avoir la fin.
Le hasard m'avait fait un bizarre destin !
Tu t'en souviens, Luidgi, malgré l'art d'Hippocrate,
Ma santé fut toujours fragile et délicate.
Un jour, sur mon destin un arrêt fut rendu...
J'étais caché, mon frère, et j'ai tout entendu.
Tu sais : le médecin décida que la vie,
A peine à mon printemps, allait m'être ravie.
Je le crus en riant, et défiai mon sort.
Eh bien ! vivons heureux, dis-je, jusqu'à la mort ;

LE DOUTE ET LA CROYANCE.

Ne laissons pas flétrir mes jours dans la souffrance ;
Cinq ans bien employés sont toute une existence !
Allons, dépêchons-nous de vivre et de jouir.
Alors j'ai voyagé... j'ai voulu m'étourdir ;
J'ai vu bien des pays afin de me distraire.
Pour trouver le bonheur, j'ai parcouru la terre,
Et toujours le bonheur a fui devant mes pas.
J'ai cherché des amis... j'ai trouvé des ingrats !
J'ai joué, j'ai perdu. — Tu connais la sentence :
Lorsque l'on perd au jeu, l'amour vous récompense.
Ayant beaucoup perdu, j'essayai de l'amour...
Mais les femmes alors m'ont joué plus d'un tour.
Le proverbe mentait.— Oh ! les femmes ! les femmes !
Quel que soit le pays, ce sont les mêmes âmes ;
Elles trompent partout ! — Mais je suis corrigé.
Dans le fond de mon cœur tout leur sexe est jugé.
Voilà le résultat de ma vieille jeunesse.
Je voulais être heureux, j'ai semé la richesse ;
Mais qu'ai-je recueilli pour l'or que je semais ?
Le plaisir quelquefois ; mais le bonheur, jamais !
Malgré moi, je pensais à l'oracle perfide...
Plus le temps s'écoulait, et plus j'étais avide
De tout. Mon âme enfin ne faisait qu'effleurer
Ce qu'une autre peut-être aurait pu savourer.
Je payais follement chaque désir frivole,
Et j'ai tout absorbé. N'ayant plus une obole,
Et, pour tout résultat d'un trésor épuisé,
Que le doute, l'ennui, qu'un cœur triste, blasé,
Pour tout abri, le ciel, et pour tout bien, la brise,
Alors je me suis dit : Retournons à Venise !

Prenons vite mon vol, faisons comme l'oiseau
Qui vient chercher sa tombe auprès de son berceau...
Jusque-là je voulais vivre de ma misère,
Car je doutais de tout, même de toi, mon frère;
Et ce rare bonheur que je cherchais en vain,
Je l'ai presque éprouvé, lorsque, mourant de faim,
Accablé de fatigue et maudissant la vie,
J'ai respiré l'air pur de ma belle patrie!

LUIDGI.

Mon frère, je te plains; ton récit m'a fait mal.
Oh! le doute, Fabio, c'est un poison fatal
Qui dessèche le cœur sans nuire à l'existence;
Le doute, c'est l'enfer; c'est pis que la démence.
Mais il n'est pas encore en toi, j'en suis certain.

(*Riant.*)

Et si tu veux douter... doute du médecin
Qui t'avait condamné; car je vois avec joie
Que la cruelle mort ne veut pas de sa proie...
Va... tu seras heureux. L'or donne le plaisir,
Rien de plus... Tu l'as dit.

FABIO, *froidement.*

Tu vas me convertir.

LUIDGI.

Le bonheur, sache-le, c'est un être timide
Qui n'aime pas l'éclat de ce métal perfide...
Il faut l'apprivoiser, car il a peur du bruit.
Si l'on veut le poursuivre, aussitôt il s'enfuit.
Il vient toujours s'unir à la sainte croyance;
De l'homme qui travaille il est la récompense.
Mais il hait sans pitié ces mortels paresseux

Qui pensent que le monde est tout entier pour eux;
Qui, jetant au hasard de l'or sur leur passage,
Méprisant le génie, insultant au courage,
Veulent, quoi qu'il en coûte, éblouir en passant.
Ils ignorent, hélas! que l'or est impuissant;
Ils ont de la fumée, et jamais de la flamme...
Le plaisir, c'est le corps; mais le bonheur—c'est l'âme!

FABIO.

Luidgi, je ne veux pas discuter avec toi;
Nous parlerions longtemps; je crois... ce que je croi.
Le bonheur n'est qu'un mot, un songe, une chimère!

LUIDGI.

Eh bien! le bonheur,—moi, je l'ai trouvé, mon frère,
Et cela sans quitter ma patrie un seul jour,
En rêvant l'avenir dans ce simple séjour;
Car je ne comprends pas (et c'est là mon idée)
Que toute âme ici-bas ne soit pas décidée
A laisser dans l'exil d'où si vite elle sort
Un vestige de nom qui vive après la mort.
Fabio, depuis longtemps j'ai là... là, dans ma tête,
Un feu qui la consume... enfin, je suis poète!
Mais j'ai besoin de calme et de sérénité;
Car, je le sens, ce front, si souvent exalté,
Se briserait au choc de quelque coup terrible.
Heureusement pour moi, dans ce réduit paisible,
Tout me rit, et de plus... je possède le cœur
D'une femme, Fabio, modèle de douceur,
Vierge de Raphaël dont elle offre l'image,
Pure... comme le ciel quand il est sans nuage,
Qui, vivant pour moi seul, ignore sa beauté;

Bel ange de candeur et de fidélité
Que le sort me donna, rose à peine fleurie,
Pour inspirer mon cœur et parfumer ma vie!

FABIO, *à part.*

Ah ! diable !— Réponds moi ?— C'est la première fois
Que ton cœur est épris?

LUIDGI.

Sans doute.

FABIO, *souriant.*

Je le vois.

LUIDGI, *étonné.*

Que veux-tu dire?

FABIO, *se promenant avec affectation.*

Rien.

(*S'arrêtant.*)

J'ai de l'expérience.
Je te l'ai déjà dit: je n'ai pas confiance
Dans les femmes. Vois-tu, cher Luidgi, j'ai bien peur
Que tu ne te sois pris dans un regard trompeur.
— S'il en était ainsi, je te plaindrais, mon frère.
Si tu te crois aimé, tâche de te défaire
De cette opinion, car il vient un moment
Où tout s'évanouit. — Ah ! positivement
Je puis t'assurer, moi, que, sur toute la terre,
L'on ne rencontre pas une femme sincère.

LUIDGI, *froidement.*

Il se peut que ce soit un si rare trésor
Qu'il ne se puisse pas payer avec de l'or.
Mais le monde n'eût-il qu'une femme semblable,
Je prétends que je l'ai.

FABIO.
Ce serait admirable !

LUIDGI.
Frère, tu vas la voir.

FABIO.
C'est mon plus grand désir.

LUIDGI, *à Pietro, qui entre.*
Dis à la signora Francesca de venir.

PIETRO.
Deux nobles messagers vêtus avec richesse
M'ont remis cet écrit... c'est un ordre qui presse.
Leur barque vous attend.

LUIDGI.
C'est le cachet ducal.
(*Il lit.*)

FABIO, *à lui-même.*
Je crois qu'un déjeûner ne me ferait pas mal.
Holà... Ton nom ?

PIETRO.
Pietro.

FABIO.
Pietro, fais vite en sorte
Qu'on m'apprête un petit repas qui reconforte...
Quant au vin... qu'il soit bon... du Chypre et du Porto ;
Plus du clairet très-vieux pour boire en guise d'eau.
Depuis que j'ai failli périr dans un naufrage,
J'ai juré de ne plus goûter de ce breuvage.

(*A Luidgi.*)   (*Pietro sort.*)
Tu permets, n'est-ce pas ?

LUIDGI, *préoccupé.*

Oui, fait comme chez toi.

— Du doge ?

(*Il relit le message de nouveau.*)

SCÈNE VI.

Les Mêmes, FRANCESCA.

(*Entre* FRANCESCA; FABIO *fait un mouvement de surprise, mais elle le salue froidement sans avoir l'air de le reconnaître.*)

FABIO.

Qu'ai-je vu ? C'est étrange, ma foi !
C'est elle... j'en suis sûr...

LUIDGI, *ayant fini de lire, à son frère.*

N'est-ce pas qu'elle est belle !
Et que j'avais raison quand je te parlais d'elle...

(*Montrant la lettre.*)

Le doge en son palais me demande à l'instant.
Pardonne-moi, j'y cours et reviens promptement.

FABIO, *à part.*

C'est qu'elle me regarde avec une assurance !

LUIDGI, *à Francesca.*

C'est mon frère, tu sais... Tu verras que l'absence
A changé son moral... même presque effacé
Les couleurs du portrait que je t'avais tracé.
Il prétend, Francesca, que sur toute la terre,
On ne rencontre pas une femme sincère ;

LE DOUTE ET LA CROYANCE. 105

Il se dit philosophe en niant le bonheur...
Mais ce mal, j'en suis sûr, n'a pas atteint son cœur.
Quand il te connaîtra, toi, nous verrons sans peine
S'envoler les erreurs dont sa mémoire est pleine.
Adieu, je vous rejoins.

SCÈNE VII.

FABIO, FRANCESCA.

FABIO, *à part, pendant que Francesca accompagne Luidgi jusqu'à la terrasse.*

Pauvre frère ! Comment ?
Voilà cette beauté qu'on aime tendrement !
En sa naïveté que la femme est habile !
En moyens de tromper que son cœur est fertile !
Eprouvons-la. — C'est vous ?

FRANCESCA, *revenant.*

Oui, Fabio, oui, c'est moi.
Oh ! depuis un moment, mon cœur est plein d'effroi ;
Vous allez tout savoir si vous voulez comprendre..
Soyez assez clément pour vouloir bien m'entendre.
Lorenzo ! — car alors vous vous nommiez ainsi ;
Il m'aime, votre frère, et moi je l'aime aussi.
Voulez-vous tout briser d'un seul mot?... C'est sa vie
Ou sa mort... il mourrait ! Oh ! je vous en supplie,
Vous ne lui direz rien... oh ! rien !

FABIO.

Rassurez-vous.

FRANCESCA.

Voulez-vous qu'à l'instant je tombe à vos genoux...
Parlez... que voulez-vous... voulez-vous que je meure.
Je mourrai.

FABIO.

Francesca, qui vous dit, à cette heure,
Que je veux votre mort!— Qui? vous me supplier...
Mais c'est moi bien plutôt dont le front doit plier!
C'est moi qui dois trembler, je suis le seul coupable,
Aussi depuis ce jour... Oh! le remords m'accable.
Pourtant, si j'ai rompu mon serment solennel,
C'était par un motif, une dette... un duel...
Oui, c'était un duel!

FRANCESCA.

Non... non... c'était ma faute,
Votre âme, je le vois, est encor noble et haute...
Vous vous chargez d'un tort qui ne vient que de moi,
Ah! je sens que mon cœur dissipe son effroi.
Vous êtes bon. — Je vois revenir l'espérance!
Je ne méritais pas pareille récompense...
C'est moi qui n'ai pas su captiver votre amour.
Vous ne... lui direz rien?... Tous trois dans ce séjour,
Que nous serons heureux! si vous voulez vous taire...
Oh! je vous aimerai comme on aime un frère!

FABIO, *à part.*

C'est étrange, vraiment.. pour la première fois
Je me sens presqu'ému par le son de sa voix!

(Haut.)

Je vous aime toujours, pourquoi m'en faire un crime?
Vos yeux impunément ne font pas de victime.

Combien de fois depuis j'ai senti que mes pas
M'entraînaient vers ton cœur, m'entraînaient dans tes
Oui, je t'aime toujours. — Cette lettre chérie, [bras
Que je ne donnerais même au prix de ma vie...
Cette lettre de toi, qui signa mon bonheur,
Elle est là... la voici, je la tiens sur mon cœur.
Elle restera là... toujours!...

(A part.)

Avec vingt autres.

FRANGESCA.

Oh! mon Dieu... c'en est fait!

FABIO.

Des yeux comme les vôtres...

FRANCESCA.

Ecoute-moi, Fabio... je ne crains pas la mort,
D'un seul mot, maintenant, va dépendre mon sort...
Fabio!... pense à ton frère, et si tu peux... oublie
Qui je suis. — Sois en sûr, si je tiens à la vie,
C'est pour lui, pour lui seul, pour ton frère, entends-tu;
Mais le connais-tu bien?... Sais-tu quelle vertu...
Quel souffle créateur dans sa tête fermente?
Sais-tu bien ce que c'est que Virgile et le Dante?
Tu ne me comprends pas?... ce n'est pas de l'amour,
C'est un culte, un foyer qui brûle nuit et jour.
C'est un être divin! — Si tu voyais son âme...
Et ce n'est que par moi que brûle cette flamme,
C'est ma divinité que j'abreuve d'encens
Qui ne peut s'en passer. Réponds-moi, tu comprends?
Oui... c'est vrai, je ne suis qu'une femme avilie,

Il est tout... et moi rien !... mais ce rien, c'est sa vie.
Comprends-tu ?...

FABIO.

Je comprends... calmez votre frayeur,
Il vous aime... Eh! parbleu, c'est un bon connaisseur!

FRANCESCA, *avec désespoir.*

Il ne me comprend pas!

FABIO.

Mais si, Luidgi doit vivre ;
Je comprends, Francesca, que votre amour l'enivre...
Qu'il ne vit que par vous... Mais oui, je comprends bien;
Puisqu'il est dans l'erreur, nous ne lui dirons rien.
Mais réponds-moi !...

(*Il lui prend la main.*)

FRANCESCA, *la retirant avec dignité.*

Fabio!

FABIO.

Oui, Luidgi vous adore.
Mais, entre nous, dis-moi, te souvient-il encore
De nos jours de bonheur? Ce charmant souvenir
Ne m'a jamais quitté! Qui? moi, moi te trahir!
Pourrais-tu le penser, ma belle enchanteresse...

(*A demi-voix.*)

Je t'aime encor.

(*Il veut lui prendre la taille.*)

FRANCESCA, *le repoussant avec énergie.*

Tais-toi... tu mens, cœur sans noblesse,
Cœur de pierre, tu veux me tenter lâchement;
Lorenzo, j'en appelle au Créateur clément,
Qui nous juge tous deux! Et moi, faible et timide!

LE DOUTE ET LA CROYANCE.

Je relève le front.... courbe le tiens, perfide !
Oh ! malheur sur ton nom, sur toi, qui vins un jour
Profaner froidement le doux nom de l'amour !
Malheur ! malheur sur toi, dont la langue hypocrite
A fait mentir ton cœur, qui sans remords s'agite !
Oui, ce cœur sans pudeur qui sut toucher le mien ;
Comment donc t'y pris-tu ? dis-moi par quel moyen,
Par quel secret poison, quelle trame infernale,
Tu pus mettre en mon sein cette pitié fatale...
J'étais si jeune, alors !... Je crus à ton honneur...
Et maintenant, je sens que tu me fais horreur !!
Je n'espère plus rien, parle, finis ta tâche,
Au nom de ravisseur, va, joins celui de lâche...
Va, cours... mais tremble aussi, car le ciel irrité
Doit bientôt mettre un terme à ton impunité.

(*Elle sort à droite.*)

SCÈNE VIII.

FABIO, *seul, après un moment de silence. Un peu troublé.*

Quoi ! c'est là cet enfant... timide créature,
Elle m'a fait trembler ! Mais si je fus parjure,
Il me semble aujourd'hui qu'elle l'est à son tour ?
Mon frère est-il aimé d'un véritable amour ?
Non, je ne le crois pas. — La femme est si perfide !
Les pleurs sont impuissants, alors elle intimide.
Elle veut m'effrayer, n'ayant pu m'émouvoir :
L'un et l'autre moyen sont sur moi sans pouvoir !
Non.. dans l'art de tromper, son âme n'est plus neuve;

Elle aura deviné que c'était une épreuve...
Si son cœur eût été certain de mon secret,
J'en suis sûr, sans remords elle me l'achetait.
Je vois quel est son but... Mon frère est riche encore...
C'est là le seul motif pour lequel on l'adore.
Un poète, au cœur neuf, s'enflamme vivement,
Lorsqu'on lui dit, je t'aime, il le croit aisément !
Mais je suis là... je veux désabuser son âme,
Il faut qu'aujourd'hui même il quitte cette femme.
Heureusement pour lui, j'ai bien fait d'arriver.
Pauvre frère ! — Je sais qu'il faudra tout prouver,
Qu'il ne me croira pas, mais j'ai dans mes archives
Un discours éloquent, des preuves positives !

(Il tire un paquet de lettres de son pourpoint.)

Mes étapes d'amour. Billets de logement
D'un soldat voyageur ! Voici de l'Allemand...
O cœurs hospitaliers ! O filles d'Allemagne !...

(Lisant.)

— » Senor cabaliero. » — Nous sommes en Espagne !..
Pays du fandango... des femmes aux bras nus,
Aux regards plus mortels que leurs stylets pointus.

(Lisant une autre lettre.)

« Mon ange bien aimé. » — Bon... nous sommes en France
Beaux démons ! — j'aime mieux vous passer sous silence.
Je dirais trop de mal de vous, ou... trop de bien !

(Lisant une autre lettre.)

« Mon âme ! — Cette fois, c'est de l'italien.
» Lorenzo, pour toujours auprès de moi, demeure,
» Je t'aime ! — Francesca. »

(Relisant lentement. Avec émotion.)

LE DOUTE ET LA CROYANCE. 111

    Je t'aime!
     (*Il essuie une larme.*)
      Quoi.. je pleure.
Fi donc!
   Mais.. est-ce à moi d'abuser de ceci?..
En signant, elle s'est livrée à ma merci..
Et j'irais — une femme aujourd'hui m'intéresse?
Faisons notre devoir.. Allons, pas de faiblesse!
C'est lui...

SCÈNE IX.

FABIO, LUIDGI.

LUIDGI, *entrant avec joie.*
   Je sors enfin de mon obscurité,
L'avenir s'offre à moi dans toute sa beauté;
Le croiras-tu, Fabio, je viens de voir le doge,
Devant tout le sénat j'ai reçu son éloge ;
« De te voir, m'a-t-il dit, j'avais un grand désir,
» Car tes vers sont les seuls qui n'ont pas su mentir.
» Aujourd'hui tout poète à nos yeux s'humilie,
» Toi seul de tous les tiens restas sans flatterie ;
» Ton cœur est noble encor, il ne s'est point vendu,
» Auprès de nous, Luidgi, sois donc le bien-venu.
» Nous devons célébrer une grande victoire,
» Nos vaisseaux triomphants se sont couverts de
» Venise dignement veut fêter leur retour ; [gloire,
» Tu dois avoir ta part, Luidgi, dans ce beau jour.

» Oui, se fiant sur toi, sur ton rare mérite,
» Le Sénat t'a choisi pour composer de suite
» Un chant national digne de ton pays.
» D'un si noble travail attends un noble prix. »
Oh! juge de ce choix si mon âme est ravie...
Fière vertu du cœur, amour de la patrie,
Et toi, sœur de la nuit, douce inspiration,
Venez me seconder dans cette mission,
Venez vous concentrer dans ce sein qui s'anime,
Et que ma faible voix entonne un chant sublime!—
Combien je suis heureux!.. Oui, ce choix, ton retour,
Oh! c'est trop de bonheur, frère pour un seul jour!
Et quand ma Francesca aura cette nouvelle...
Elle n'est pas ici... Mon frère, où donc est-elle?

FABIO.

Tu l'as dit : — Pour un jour c'était trop de bonheur.

LUIDGI.

Que vas-tu m'annoncer?

FABIO.

Frère, contiens ton cœur...
Plus le ciel était pur... et plus sombre est l'orage;
Dis-moi, sais-tu souffrir? te sens-tu du courage?
Luidgi, j'en étais sûr, tu te troubles déjà,
Et je ne t'ai rien dit...

LUIDGI.

Où donc est Francesca?
— Francesca!..

FABIO.

C'est en vain que son amant l'appelle,
Elle ne viendra pas...

LUIDGI.
Mais alors que fait-elle?
FABIO.
Elle ne viendra pas...
LUIDGI.
Que s'est-il donc passé?
Parle, parle, j'attends..
FABIO.
Hélas! pauvre insensé,
Tu croyais posséder un être imaginaire..
Luidgi, je t'aime trop pour t'en faire un mystère.
Cette ange de candeur.. oui, que j'ai vue ici..
LUIDGI, *avec anxiété.*
Eh bien?..
FABIO.
J'avais raison.. elle te trompe aussi.
LUIDGI.
Oh! tu mens!!.. Si tu mens tu devrais me le dire,
Car tu vas me tuer. — Oui, tu mens!.. tu veux rire;
Tu voulais m'effrayer; mais vois, je n'en crois rien..
Tu riais, n'est-ce pas? Frère, ce n'est pas bien.
(D'*une voix terrible.*)
Francesca!!..
FABIO, *froidement.*
J'ai dit vrai.
LUIDGI.
Si tu n'étais mon frère..
Cet indigne mensonge eût reçu son salaire!
FABIO, *froidement.*
C'était récompenser fort bien mon dévouement;—

Frère, je te pardonne un pareil mouvement..
Tu souffres, je te plains !

(*Luidgi tombe sur un siège comme accablé.*)

FABIO, *même, se promenant de long en large.*

Mais aussi, sur mon âme !
C'est ta faute.. réponds, où pris-tu cette femme
Qui sut t'en imposer par sa touchante voix ?
Où la rencontras-tu pour la première fois ?
En gondole, pendant une fête publique,
N'est-ce pas ? Réveillé par son air angélique,
Ton cœur, si neuf encor, se sentit enflammé..
Souviens-t'en, tu n'avais alors jamais aimé ?
Puis alors, étourdi par ta belle conquête,
Ton âme — ou bien plutôt ta tête de poète,
Se prit à l'embellir ; tu crus avoir trouvé
Cet être qui n'est pas, que chacun a rêvé.

LUIDGI.

Non, je ne te crois pas... c'est un mensonge infâme !..

FABIO, *froidement.*

Eh bien ! soit.. j'ai menti.

LUIDGI.

Soupçonner cette femme..
Mieux vaudrait nier Dieu !..

FABIO.

C'est bien. — C'est entendu..
C'est un trésor d'amour, de candeur, de vertu...
Je voulais rire. — Adieu.

LUIDGI.

Non, ton air impassible
Ne peut jeter le trouble en mon âme paisible,

Et, loin d'être arrêté par le moindre soupçon,
Dès ce soir, devant Dieu, je lui donne mon nom.

FABIO.

Tu voudrais l'épouser ?

LUIDGI.

Oui, frère, aujourd'hui même.

FABIO.

Qui.. toi? donner ton nom.. Écoute-moi ; je t'aime,
Mon frère, — et je comprends combien tu dois souf-
Mais, je veux t'épargner un tardif repentir,   [frir;
Et je n'hésite plus. — Tiens, lis...

LUIDGI, *prenant la lettre.*

Affreux délire !
Je n'ose regarder.. Mon Dieu ! que vais-je lire ?
« Je t'aime ! » Francesca ! « Je t'aime, » Qu'ai-je vu ?
Ce mot brûle mes yeux.. Ce malheur imprévu
A tonné sur mon front comme un coup de la foudre.
Maintenant, Francesca. rien ne pourra t'absoudre.
Fabio, laisse-moi seul.

FABIO.

C'est bien avec regret
Que je t'ai révélé ce pénible secret...
Mais c'était mon devoir.

LUIDGI.

Et je t'en remercie !

FABIO.

Ne t'emporte pas trop contre elle... je t'en prie,
Pour ces anges déchus, il faut être clément ! [tant!
— Mais il ne m'entend plus.. comme il l'aime, pour-

(Il sort.)

SCÈNE X.

LUIDGI seul, puis FRANCESCA.

LUIDGI.

Quoi !... briser en un jour toute mon existence ?
(*Relisant la lettre ; d'une voix étouffée :*)
« Je t'aime !! »
(*Se levant.*)
Et je pourrais supporter sa présence ?
Ah ! fuyons-la, plutôt !
(*L'apercevant.*)
Madame...

FRANCESCA, *se jetant à ses pieds.*
Écoutez-moi !...

LUIDGI. [effroi ?
Vous, madame... à mes pieds ! d'où vous vient cet
A genoux seulement le coupable supplie ;
L'innocent est debout !

FRANCESCA.
Oh ! Luidgi, prends ma vie,
Mais daigne m'écouter.

LUIDGI, *éclatant.*
Un seul mot suffira.
Connaissez-vous ceci... répondez, Francesca ?
(*Il montre la lettre.*)

FRANCESCA.
Je me meurs...

LUIDGI.
Répondez, c'est là votre écriture ?
Un seul mot, je l'attends...

FRANCESCA.

C'est vrai, mais je vous jure...

LUIDGI.

Silence! — encore un mot : cet homme, vous l'aimiez ?

FRANCESCA.

Oui, mais écoutez-moi...

LUIDGI.

Mon Dieu !

FRANCESCA.

Si vous saviez !...

LUIDGI, *avec désespoir.*

Non ! de ta douce voix je connais l'influence,
Tu me ferais encor croire à ton innocence...
Infâme ! cet accent touchant de vérité...
Ce regard si brûlant... tout n'était qu'affecté !
Quoi !... lorsque tu m'as dit ce tendre mot : Je t'aime !
Tu l'avais déjà dit à quelque autre... O blasphème !
Quand tu vins te livrer à mon cœur attendri,
Déjà, depuis longtemps, ton front s'était flétri...
Arrière ! loin de moi... courtisane hypocrite.
Je ne te connais plus... arrière... sois maudite !!

FRANCESCA.

Chaque mot de ta bouche est un coup de poignard
Qui me perce le cœur... Oh ! jette un seul regard...
Moi, maudite, Luidgi ? Non, non, je t'en supplie,
Pardonne, et puis tu m'ôteras la vie !

LUIDGI, *froidement, avec mépris.*

Madame, vos serments, vos cris sont superflus...
Voilà de l'or... sortez !

(*Lui jetant une bourse.*)
Je ne vous connais plus !

FRANCESCA, *se relevant avec dignité.*

De l'or ! pour moi ? de l'or !! Oh ! comme il m'a chassée !
Sans attendre un seul mot. O fureur insensée !
Mais quand j'aurais été plus coupable cent fois,
Je croyais de ta part mériter, toutefois,
Un peu plus de pitié ? Le juge, en sa clémence,
Accorde au criminel quelques mots de défense...
L'as-tu fait, toi, cruel ?

LUIDGI, *à part.*

Oh ! quel affreux tourment !

FRANCESCA.

Puisque tu le permets... écoute maintenant.
Non, Luidgi, je n'ai pas mérité ton injure...
J'en atteste le Ciel, mon âme est toujours pure ;
Oui, j'en fais le serment ! depuis le premier jour
Où je te vis... oui, toi, toi seul eus mon amour.
J'aurais dû t'avouer cette faute passée.
Mais, si je l'eusse fait, tu m'aurais délaissée !
Oh ! si tu savais tout... Si je te le disais...
Au lieu de me maudire, hélas ! tu me plaindrais.
Si tu savais comment cet homme m'a trahie,
Comment il sut parler à mon âme attendrie...
Il était, disait-il, un malheureux proscrit ;
Et moi je le plaignais écoutant son récit ;
Il me dit qu'il m'aimait... je lui vouai mon âme. —
Te connaissais-je alors ? — Mais il mentait, l'infâme !
Aussitôt qu'il eût pu commander à mon cœur
Il partit, me laissant avec le déshonneur.,.

J'appris bientôt après qu'il était à Florence ;
J'y fus... Dans quel espoir ? Etait-ce la vengeance ?
Je ne sais ; mais j'y fus. — Je le cherchais en vain.
Enfin, j'allais mourir, Dieu le sait ! quand soudain
Je te vis, toi, Luidgi ! Je ne sais, à ta vue,
Tout ce qui se passa dans ma poitrine émue...
Depuis longtemps déjà je connaissais tes traits !
Et comme avec douceur, toi, tu me regardais ;
Un nouveau sentiment vint absorber mon être ;
Tout disparut en moi ; même le nom du traître.
Un tendre enivrement fit place à mon effroi...
Je m'oubliai moi-même et ne vis plus que toi !
Luidgi, je le sens là... toi seul eus ma tendresse.
Souviens-toi, souviens-toi de nos beaux jours d'ivresse,
Ces longs propos, si courts ! ces regards amoureux,
Ce silence éloquent de deux amants heureux...
Et dis-moi, maintenant que ta haine s'est tue,
Si c'est bien là l'amour d'une femme perdue ?

LUIDGI, *à lui-même.*

Malheureux, qu'ai-je fait ?

FRANCESCA.

Oui, dis-moi, ce matin,
Lorsqu'au pied des autels bénissant mon destin,
Tu voulais, devant tous, me proclamer ta femme,
Ai-je accepté ? Réponds.

LUIDGI, *à lui-même.*

Ma conduite est infâme !

FRANCESCA.

T'aimais-je, cependant ? A ma place, Luidgi,
Quelle autre femme aurait pareillement agi ?

Et plus tard, quand cet homme au regard de vipère
Est venu dans ces lieux...

LUIDGI.

Quoi ! c'était lui, mon frère ?

FRANCESCA.

Oui, c'était lui ! Comment ne le savais-tu pas ?
O Ciel ! est-on si lâche, a-t-on le cœur si bas !
Sais-tu ce qu'il disait, lorsqu'en proie aux alarmes,
Je priais à ses pieds, les yeux baignés de larmes ?
Oh l'infâme ! il voulait, oui ! me séduire encor...
A ce honteux marché j'ai préféré la mort...

(*Avec une amère ironie.*)

Tu m'aimerais encor, si j'eusse en ma démence,
D'un second déshonneur acheté son silence ?

LUIDGI, *se jetant à ses pieds.*

Oh ! je t'aime toujours... pardonne...

FRANCESCA.

Il est trop tard.
Le charme s'est rompu ; va, cherche quelque part,
Pour enflammer ton cœur, la pure jeune fille ;
Va cueillir cette fleur au sein de sa famille,
Au moment où son front s'épanouit au jour...
Qui n'éprouve encore rien... et qui croit que l'amour
Est le chaste baiser que l'on donne à sa mère...

(*S'interrompant avec désespoir.*)

Et pourtant, ô Luidgi, mon amour fut sincère !

(*Faisant un effort pour étouffer son émotion.*)

Pour toujours de tes yeux laisse-moi me bannir ;
Il le faut. — Le passé ternirait l'avenir...
Va... je te connais bien ! Si tu le peux, oublie

Même jusqu'à mon nom... Luidgi, je t'en supplie,
Ne livre pas ton âme à toute sa douleur...
Je ne méritais pas de posséder ton cœur....
Luidgi, pardonne-moi d'avoir eu ta tendresse,
Et de t'avoir menti pour être ta maîtresse!
  (*Avec une émotion toujours croissante.*)
Luidgi, nous nous verrons seulement devant Dieu.
Tu m'as maudite, toi! Je te bénis.— Adieu!
  (*Elle sort par la terrasse à gauche.*)

SCÈNE XI.

LUIDGI, *se levant égaré.*

Francesca! Francesca! reviens, je te pardonne
Elle est partie, hélas! Oh! personne! personne!
Devais-je en un seul jour voir tout naître et grandir,
Et, dans le même jour, voir tout s'évanouir!
Il ne me reste rien, rien .. pas même des larmes,
Pas même du malheur les impuissantes armes!
Qu'ai-je donc fait, mon Dieu, pour mériter ce sort!
Il ne me reste rien... rien... excepté la mort.
 (*Un silence.*)
Mais laissons, en mourant, quelques vers à Venise.
  (*Il s'assied, et prend sa plume.*)
Qu'elle sache, du moins...
  (*Un silence. — Avec douleur:*)
      Oh! ma tête se brise!
Les envieux riraient; non, je n'écrirai rien!
  (*Il brise sa plume.*)

Mon âme, prends ton vol ! je brise le lien
Qui depuis trop longtemps t'enchaînait à la terre.
— Mais quoi ! mourir si jeune, inconnu, solitaire,
Sans rien laisser de moi dans ce monde ! — J'ai tort,
C'est une lâcheté que se donner la mort
Pour oublier plutôt la femme que l'on aime...
Le Tasse a bien vécu... Vivons pour mon poëme !
Oui, ce qu'un autre a fait, je puis le faire aussi ;
Vivons... Mais cependant je ne puis vivre ainsi,
Puisqu'elle n'est plus là... Lorsque, dans mon délire,
Mes yeux auront besoin de puiser son sourire
Pour dépeindre du ciel l'ange le plus divin...
Comment ferai-je alors ? — Non, j'espérais en vain ;
Toute ma gloire, hélas ! s'est enfuie avec elle...
Et ce matin encore, la vie était si belle ! —
Et mourir maintenant sans rien laisser... Mourir !
Était-ce donc ainsi que je devais finir ?...

SCÈNE XII.

LUIDGI, *accablé*. FABIO.

FABIO, *presque gaiement, un peu ivre.*
Qui l'aurait jamais dit, qu'on pût chez un poète
Déjeûner aussi bien ! — Oui, la chose s'est faite
Comme dans mon bon temps. — Au fait, j'ai vu passer
Cette femme... tu sais... que tu viens de chasser.
Tu l'as fait, je l'espère, avec calme et noblesse ? —
Ah ! mon cher, c'est parfait... Je craignais ta faiblesse,

J'espérais moins de toi; mais ton cœur a du bon.
— Bah! comme moi deviens un joyeux compagnon.
Tu devrais voyager. — Luidgi, laisse-moi faire,
Et de ce fol amour je saurai te distraire.
Tu verras, mon moyen guérit... facilement.

LUIDGI.

Tais-toi... n'abuse pas de mon accablement.
J'ai le cœur si serré, que je ne puis rien dire,
Mais ma douleur bientôt fera place au délire.
Si tu m'en crois, va-t-en. N'attends pas mon réveil.

FABIO.

Qui?... Moi, t'abandonner dans un moment pareil,
Quand ton cœur est souffrant, quand ta tête est malade!
Non, je veux te guérir de ce mal qui dégrade,
Ce ridicule amour d'une femme de rien.

LUIDGI, *se contenant, d'une voix sourde.*

Laisse-moi... M'entends-tu!

FABIO, *froidement.*

Te laisser? J'entends bien.
Mais je veux te guérir, fût-ce au prix de ma vie!

LUIDGI, *exaspéré.*

Mon Dieu! va-t-en... va-t-en...

FABIO.

Luidgi, quelle folie!
Ne tire pas ainsi ton poignard du fourreau;
Pense à ton avenir, il est encor si beau!

LUIDGI.

Mon avenir, dis-tu, mon avenir! — Ah! frère,
Il s'est évanoui! — Ne pouvais-tu te taire,
Que ne me laissais-tu vivre dans mon erreur...

Mon avenir, hélas! il était dans son cœur,
Dans son amour... qu'importe! ou feint ou véritable,
Puisque je le croyais!—Oh! la douleur m'accable!
Fabio, tu m'as tué...

FABIO.

Bah! meurt-on pour cela;
Je sais ce qu'il en est, moi; j'ai passé par là...
— Si chaque être trompé succombait à sa peine,
Mon Dieu! que deviendrait la pauvre espèce humaine?
— Va, tout passe, Luidgi.

LUIDGI.

Va-t-en, retire-toi.
Fabio, je deviens fou; va-t-en si tu m'en croi...
Je ne sais... mais je sens qu'elle m'était fidèle.—
Elle est partie, hélas! mais, ô ciel! où va-t-elle,
Lorsque je suis ici?... Fabio, cours sur ses pas,
Dis-lui de revenir et que je ne crois pas
Tout ce que tu m'as dit... Que toi seul es coupable.
Mais va donc! Oh! mon Dieu! c'est trop épouvantable
Non... non... je ne dois pas mourir comme cela...

(Se *frappant le front.*)

Fabio, si tu savais tout ce que j'avais là!!..

(L'*œil égaré.*)

Et toi... qui d'un seul mot brisas mon existence,
Tu restes devant moi, tu ris de ma souffrance?..
Mais tu n'as donc pas vu combien de fois ma main
A saisi ce poignard pour t'en percer le sein...
Fabio, je t'en supplie, au nom de notre mère,
Va-t-en! Si jusqu'ici j'ai reconnu mon frère,
Je pourrais l'oublier.

FABIO.

Un poète, un grand cœur,.
Succomber sous le poids d'un semblable malheur...
C'est honteux... Tu dormais, on te réveille. Oublie...
Et quant à cette femme, elle est jeune, jolie;
On la consolera.—Qui sait... en ce moment,
Elle est peut-être au bras de quelqu'ancien amant.
          (*On entend des murmures confus au dehors.*)
    LUIDGI, *s'élance vers la terrasse et pousse un cri.*
Quel soupçon... Ah !

FABIO.

Luidgi, qu'as-tu donc ?
    LUIDGI, *du balcon.*

Oh ! l'infâme !...
(*Il vient le prendre par le bras et l'entraîne au balcon.*
Tiens, regarde, Fabio regarde cette femme
Que de l'onde, à l'instant, on vient de retirer...
Dis... tu la reconnais ?—Elle vient d'expirer !!

FABIO.

Morte ?—

LUIDGI.

C'est ton arrêt !!

FABIO.

Mais que prétends-tu faire !—
    LUIDGI.

Est-tu prêt à mourir ?
    FABIO.

Luidgi... je suis ton frère !—
    LUIDGI.

Toi mon frère...

FABIO.
Lui, me tuer, hélas!
O ma mère!... non... non... tu ne le voudras pas.
LUIDGI, *qui était sur le point de frapper, s'arrête interdit au nom de sa mère.*
Toi qui ne crois en rien, tu crois donc en ta mère?
C'est une femme aussi!—tu peux vivre, mon frère!
Ce nom-là ťa sauvé...

FABIO.
Malheur sur moi, malheur!

LUIDGI...
Pourtant... malgré ce nom tu m'as broyé le cœur,
Tu m'as tout pris... oui tout : gloire, amour, espérance
Tu ne me laisses rien,—pas même la vengeance!
Et, lorsque tu me vois, là, prêt à te punir,
Tu parles de ta mère...-et.. tu crains de mourir?
De mourir à l'instant—d'un seul coup?—sans torture?
Insensé!!—souffre donc tout le mal que j'endure;
Moi—je quitte la vie et renais à l'espoir...
Devant Dieu... Francesca, nous devions nous revoir!
(*Il se frappe.*)

FABIO, *s'élançant.*
Malheureux, qu'as-tu fait!!

LUIDGI.
J'ai terminé ma peine...
Mon âme va quitter son enveloppe humaine.

FABIO, *avec désespoir.*
Frère, je te suivrai!—

LUIDGI.
Moi, je te le défends!—

Ton âme est incrédule, attends encore... attends!
Puis un jour, tu viendras, le front dans la poussière,
Près de l'autel du Christ m'adresser ta prière...
Et moi... j'invoquerai le divin créateur
Pour qu'il jette un pardon sur ton coupable cœur!—
Oh! lorsqu'on croit en lui, Fabio... la mort est belle!
L'on entre sans pâlir dans la vie éternelle...
Mon frère!—je voudrais te voir mourir ainsi...
Je l'espère.. au revoir!..—Francesca... me voici!!
(*Il expire.*)

FIN DU DOUTE ET DE LA CROYANGE.

LE CAPITAINE ROCK

ou

L'IRLANDE EN 1798

Étude dramatique en 5 actes et en vers,
précédée d'un prologue.

AVANT-PROPOS.

Jamais Israël dans les fers, les chrétiens sous Tibère, les Grecs sous Mahomet, les Mexicains sous Pizarre, jamais aucun peuple sur la surface du globe n'a été si constamment, si froidement et si cruellement maltraité que le peuple d'Irlande.

Mais pour souffrir ainsi si longuement et si cruellement, ce peuple est donc maudit et réprouvé de Dieu, ce peuple est donc la lie ou l'écume du genre humain, moralement déchu, perdu sans ressources sans espoir de guérison ou d'amélioration ?

Hélas! lisez son portrait tracé par la main même de ses bourreaux :

« Les habitants de ce pays sont, par instinct, religieux, francs, aimants, *durs à la souffrance;* élevés dans des principes de vertu, ce sont des miroirs de sainteté et d'austérité. — (*Stanishurst, — apud Hollinshed,* VI, 67.)

— » Vous ne trouverez pas un seul exemple de perfidie ou de trahison chez eux, ils sont prêts à s'exposer à tous les dangers pour le salut de ceux qui ont sucé le lait de leur mère. — Vous pouvez les exposer à tous les raffinements de la torture, vous ne pourrez jamais faire chanceler cette fidélité native qui est greffée en eux; vous ne leur persuaderez jamais de trahir leur devoir. (*Ware*, II, 73.)

— » Ils sont paisibles, sans malice, affables pour les étrangers. (*Borlase*, p. 14.)

— » Il n'existe pas dans le monde chrétien, de nation qui aime autant la justice que les Irlandais... (*Coke,* IV, 349.)

— » En temps de paix, les Irlandais ont plus de peur d'offenser la loi que les Anglais, ou que toute autre nation que ce soit. (*Davies,* p. 200.)

— » L'Irlandais est beau, sain, et bien pris de corps; et soldat, nul ne court à l'assaut plus courageusement que lui ! » (*Spencer.*)

Comment se fait-il donc alors que l'Irlande, la verte Irlande, l'émeraude des mers, ce paradis du Nord en soit devenu l'enfer? Comment se fait-il que cette terre si fertile en grains et en bestiaux, soit devenue une lande de famine et de douleurs, comment se fait-il, ô Erinn ! que ta harpe céleste aux cordes d'or en soit arrivée à ne plus exhaler que des chants de haine ou des cris de désespoir ?

Ecoute, ô toi, France ! trois fois privilégiée de Dieu, France de Jeanne-d'Arc, de Saint-Vincent-de Paul et de Napoléon.

De Jeanne-d'Arc, qui n'a pas voulu que tu fusses la seconde Irlande de l'Angleterre.

De Saint-Vincent-de-Paul qui a jeté dans ton sein le germe vivace de la charité et de l'assistance publique.

De Napoléon qui t'a donné la triple force qui fait les grandes nations : — La centralisation administrative, la liberté de conscience, et l'égalité civile !

Ecoute :

Sous le règne d'Elisabeth il s'est trouvé des conseillers, des esprits éminents... des chrétiens, qui ont osé dire... que dis-je ?... qui ont écrit :

« Si nous parvenons à placer ce pays dans des conditions d'ordre et de civilisation, il pourra acquérir bientôt *puissance, importance* et *richesse* ; les habitants pourront ainsi se détacher de l'Angleterre, se jeter dans les bras de quelque puissance rivale, ou s'ériger en Etat indépendant ; CONNIVONS PLUTÔT A LEURS DISSENSIONS, car faible et sans organisation, ce peuple ne pourra jamais se détacher de la couronne d'Angleterre..... (*Leland*, livre IV, chap. III.) »

Ainsi, la misère de l'Irlande n'est pas le résultat d'une situation normale ; ce pays n'est pas naturellement abandonné; sa misère, son martyre perpétuel, depuis six cents ans, est le fait de la politique froidement calculatrice du gouvernement anglais; n'ayant pu déraciner dans le cœur irlandais, ni le sentiment toujours vivace de la nationalité, ni le sentiment toujours sincère de la foi catholique; n'ayant pu se l'assimiler, il a voulu l'extirper; n'ayant pu l'extirper, il l'a condamné au vasselage humiliant et dégradant de la misère.

— Caïn a posé son genou sur la gorge d'Abel, qui râle, qui râle toujours et qui ne meurt jamais!

En remuant de mes doigts tremblants les annales éparses de ton martyrologe séculaire, pauvre Irlande... oh! combien de fois j'ai senti mon cœur se serrer et mes yeux se remplir de larmes, que de fois un frisson rapide a parcouru tout mon être, que de fois je me suis senti rougir et pâlir tour à tour de colère et d'indignation... Et combien de fois je me suis écrié avec O'Connell :

« — Non, jamais aucun peuple sur la surface du globe n'a été aussi cruellement maltraité que le peuple d'Irlande! »

Et l'historien se tairait, le peintre poserait son pinceau, le sculpteur son burin, le poète sa lyre... Comment, l'art se tairait devant la lutte six fois séculaire de cette héroïque Irlande, notre sœur par l'esprit, par le courage et par la croyance, de cette Irlande mille fois terrassée et se relevant toujours forte et vivace... comme Antée!

Parmi cette longue suite de péripéties, la lutte

des Irlandais-Unis, en 1798, m'a semblé, à plus d'un titre, remplir les conditions voulues pour la réalisation d'une œuvre dramatique.

A l'exemple des Etats-Unis, l'Irlande s'agitait pour conquérir son indépendance; déjà la France, dans la personne de Hoche, avait tenté de lui porter secours, mais une tempête terrible et des vents contraires avaient fait échouer sa généreuse entreprise. Plus tard, Humbert, débarqué avec huit cents hommes, avait tenu tête pendant quarante-cinq jours à une armée anglaise de 30,000 hommes. Plus tard encore, Napoléon, alors premier consul, entretenait des relations très-sérieuses avec les principaux Irlandais-Unis, et promettait de coopérer à leur émancipation.

L'œuvre des Irlandais-Unis, après une lutte acharnée et des efforts inouïs, échoua, et la bonne volonté de la France dut céder à la violence des éléments et aux obstacles de toutes sortes que le machiavélisme britannique lui suscita sur le continent.

L'Irlande ne se crut pas dégagée envers la France et nous paya sa dette de reconnaissance en nous donnant d'habiles officiers, de nombreux et de vaillants soldats qui versèrent leur sang pour nous sur les champs de bataille du Consulat et de l'Empire.

La rébellion de 1798 est donc à nos yeux un fait éminemment français.

Humble parmi les écrivains de notre pays, nous avons osé prendre un pareil sujet corps à corps, et nous avons essayé, à la suite de nombreuses veilles et de profondes émotions, d'en dramatiser les principales phases.

Octobre 1857.

Ce drame ne se présente pas au public comme une œuvre d'actualité, mais comme relatant un fait définitivement gravé sur les tablettes impartiales de l'histoire. Le lecteur aurait donc tort d'y chercher un réquisitoire contre l'Angleterre ou un plaidoyer en faveur de l'Irlande. Le temps ferme bien des blessures, la tolérance et le progrès apportent leurs fruits, et, l'émigration aidant, le terrible problème de la misère irlandaise est, sinon résolu, du moins pour longtemps ajourné.

Nous avons vu récemment les enfants de l'Irlande et de la Grande-Bretagne mourir héroïquement à nos côtés pour la défense de la civilisation européenne.

Aujourd'hui le glaive est rentré au fourreau.

Sous la volonté persistante d'une pensée profonde et harmonique, l'œuvre civilisatrice moderne poursuit pacifiquement sa voie.

Les institutions sociales se transforment, la charité s'organise, l'air et le travail pénètrent partout.

Lorsque les palais surgissent par enchantement, lorsque Paris se transfigure et prend un aspect féerique tellement grandiose que l'esprit en reste frappé de vertige, lorsque, par la voie de l'électricité et de la vapeur, toutes les nations du monde entrent en communion de progrès, l'art doit-il reculer, s'amoindrir, s'annihiler, disparaître?

Certes, je n'entends pas nier le mérite relatif des œuvres contemporaines. D'un côté, le savoir-faire est grand, de l'autre, la fantaisie et la forme ont des côtés gracieux; mais personne ne niera que le cadre des œuvres soit considérablement rétréci. Le procédé photographique *avec retouche* a envahi même le théâtre; le travail rapidement productif, voilà le but de chacun.

Qui donc oserait, aujourd'hui, entreprendre avec maturité et réflexion la peinture d'un grand caractère, d'une grande passion, d'un grand fait historique?

Qui serait assez fou pour l'oser, lorsque d'un côté le genre *proverbe*, le détail puéril et intime, suffit au public honnête et lettré, et lui tient lieu de *comédie*, et que, d'un autre côté, le genre *camélia*, cette peinture outrée sur grande toile, de ces choses que dans l'ordre réel, la police met tant de soin à cacher, s'étalant avec cynisme au grand jour de la rampe, attire la foule libertine et flatte son sens dépravé!

Ainsi, voilà le théâtre aujoud'hui. — D'un côté la peinture lilliputienne d'un épisode quelconque de la vie très-intime, — de l'autre, la grande toile, largement brossée, de nos Aspasies plâtrées, de nos Alcibiades au petit pied...

Après avoir promené l'étranger devant le Louvre terminé, dans Paris transfiguré et réédifié, voilà ce que nous lui montrons au théâtre.

Au XVIIe siècle, lorsque Versailles venait de naître, et que d'illustres visiteurs voulaient reposer leurs yeux éblouis de tant de splendeurs, ils allaient écouter les œuvres de Corneille, de Molière et de Racine; après l'architecture des monuments, l'architecture de la pensée... L'harmonie était partout, l'âme se trouvait agrandie, le cœur amélioré !

Il serait curieux d'étudier par quelle suite d'aberrations, la France, si libérale d'ailleurs, en est arrivée à l'étranglement préventif de la pensée dans les œuvres dramatiques, sous prétexte d'ordre public. — La censure, utile au point de vue de la morale et du respect dû au souverain, devient fatale à la pensée, lorsqu'elle veut trop faire. La crainte de la censure paralyse à la fois, et le directeur dans sa volonté, et le poète dans ses allures; il en résulte une pression permanente qui anéantit toute inspiration, et ne laisse aboutir que des produits rachitiques et morts-nés.

On s'est toujours exagéré l'influence du théâtre sur l'esprit public.

L'œuvre dramatique produit sur l'auditoire rassemblé, une impression de sentiments et non de raisonnements. Le public juge avec sa conscience, avec un certain sens de probité qui ne lui fait jamais défaut. Le sublime le transporte, le beau le charme, le vrai l'émeut, et par raison inverse, l'emphase le laisse froid, le laid lui répugne, le faux le révolte; nous avons vu en 1848, en pleine licence révolutionnaire, le bon sens populaire faire justice des mauvaises pièces et des mauvaises pensées.

Nous avons essayé de peindre et de mettre en relief, dans le *Capitaine Rock*, les grandes vertus sociales... L'amour de la nationalité, la foi religieuse, le dévouement conjugal, l'amour paternel, l'amitié dans sa plus noble acception.

Le comité de lecture du Théâtre-Français, et après lui, le jeune directeur de l'Odéon, devançant l'œuvre de la censure, ont cru voir dans la peinture de ces grand sentiments un danger public, et ont repoussé d'une façon assez brutale (1) le *Capitaine Rock*, sans un mot d'encouragement pour son auteur.

Il ne nous reste donc plus que cette épreuve dernière : cet appel au lecteur impartial; heureux si nous pouvons faire passer dans son cœur quelques-unes des vives émotions que nous avons éprouvées en composant notre œuvre.

---

(1) ... Mais une question plus grave, et qui domine mon appréciation, c'est le sujet que vous avez choisi, la pièce me parût-elle par elle-même un ouvrage accompli, encore ne croirais-je pas devoir l'accepter, la représentation *n'en serait certainement pas permise par l'autorité*, l'œuvre, enfin, me paraît tout à fait *inopportune*.

Agréez, je vous prie, Monsieur, mes civilités.

Ch. DE LAROUNAT.

PERSONNAGES DU PROLOGUE :

HOLT, commandant le camp de Kildare.
LE PÈRE JEAN, } Irlandais-Unis.
MURPHY,
CORNÉLIUS,
GÉRALD,
RAYNOLDS, initié.
NATIVA.
Un Vieillard Égyptien, } Personnages muets
Un Enfant, accompagnant Nativa.

LE CAPITAINE ROCK.

PROLOGUE.

Le camp de Kildare, sur les montagnes de Wicklow. A droite, occupant la moitié de la scène, l'intérieur d'une grotte rustique, éclairée par une torche de résine. — A gauche, une forêt; au fond, un lac, des rochers et des cascades. Il fait clair de lune. — Des sentinelles sont postées du côté de la forêt.

SCÈNE Ire.

Dans la grotte. — Au milieu brûle un feu de tourbe et de racines. — Autour sont assis les quatre chefs,— HOLT, *tenant un mousquet dans sa main droite, et appuyant son menton sur sa main gauche. Il est pensif. — Les deux moines, les pères* JEAN *et* MURPHY, *dorment accroupis, les deux bras et la tête appuyés sur leurs genoux.* CORNÉLIUS, *vieillard octogénaire, attise le feu de ses mains décharnées.*

HOLT.

Hé, cousin...

CORNÉLIUS, *levant la tête.*

Général?

HOLT.

Les Français sont au Caire,
En Égypte.—Tiens, vois!

(*Il lui montre un journal.*)

CORNÉLIUS.

C'est que je n'y vois guère :
Mes yeux sont si mauvais!

HOLT, *avec enthousiasme.*

Ah! c'est qu'ils ont aussi
Un jeune et brave chef!

CORNÉLIUS, *rapprochant ses mains du feu.*

Hum!... je suis tout transi!

HOLT.

Bonaparte! — Ce nom, tout frémissant de gloire,
Ne laisse aucun répit au burin de l'histoire.
Il pense, il veut, il marche, et son regard vainqueur
Fait germer la pensée où régnait la terreur;
Et le libérateur de la vieille Italie,
Dans son cercueil de plomb va réveiller l'Asie.
Son destin est écrit,— et, du jour qu'il est né,
A quelque grand dessein Dieu l'a prédestiné!
Puisse-t-il rencontrer l'Irlande sur sa route...
Alors... Oh!—

UNE VOIX, *dans la coulisse.*

Garde à vous!

CORNÉLIUS.

C'est une alerte.

HOLT, *prêtant l'oreille.*

Ecoute.

(*Les pères Jean et Murphy lèvent la tête.*)

UNE VOIX DE FEMME *chantant dans le lointain.*

De pays en pays, de rivage en rivage,
Le peuple égyptien traîne son esclavage!
— Le croissant pâlira lorsque trois fois cent ans
Auront marqué leurs pas sur la courbe des temps!

LE PÈRE JEAN.

Ce sont des Bohémiens.

CORNÉLIUS.

Je reconnais ce chant
Pour l'avoir entendu lorsque j'étais enfant!

LA VOIX, *se rapprochant.*

Les Turcs verront venir le lion invincible.
Rien ne peut résister à son aspect terrible...
Le croissant pâlira lorsque trois fois cent ans
Auront marqué leurs pas sur la courbe des temps!

HOLT.

Les temps sont arrivés—l'antique prophétie
S'accomplit—le lion fait trembler l'Arabie!

NATIVA (*entrant lentement en scène—un vieillard et un enfant l'accompagnent*).

Alors, auprès du Nil nos tribus ramenées,
Verront se terminer leurs tristes destinées—
Le croissant tombera, lorsque trois fois cent ans
Auront marqué leurs pas sur la courbe des temps!

HOLT.

C'est bizarre!

LE PÈRE JEAN.

Ma foi, l'on devrait bien brûler
Tous ces sorciers maudits—

HOLT.

Moi, je veux leur parler...

LE PÈRE JEAN.

Oh ! ne le faites pas, laissez passer bien vite
Ces oiseaux de malheur, c'est l'heure où de leur gîte
Les sorciers et démons sortent pour le sabbat!—

HOLT.

Oubliez-vous, mon cher, que je suis un soldat,
Que le ciel, ni l'enfer, ni le feu n'intimide.
Gardez tous vos récits pour la foule stupide...
(*A la porte de la grotte.*)
Bohémiens, par ici.

SCÈNE II.

(La grotte.)

LES MÊMES, NATIVA, UN VIEILLARD, UN ENFANT.

HOLT.

Là—gênez-vous un peu,
Pour que ces bonnes gens prennent place à ce feu!—
(*Personne ne bouge.*)
Vous m'entendez? morbleu, vous n'êtes pas de race,
Pour être hospitaliers d'aussi mauvaise grâce !

MURPHY

Qu'on soit hospitaliers—bon, avec des chrétiens,
Mais a-t-on jamais vu se gêner pour des chiens!

HOLT.

Silence! je le veux —
(*Regardant Nativa.*)
Dieu! la charmante fille...
Mais voyez donc, Murphy, comme son regard brille!
(*Avec douceur.*)
D'où venez-vous ainsi?

NATIVA, *l'œil égaré, chantant à demi voix.*

De pays en pays, de rivage en rivage,
Le peuple égyptien traîne son esclavage!—

CORNÉLIUS, *brutalement.*

Mais tu ne réponds pas,
Le chef voudrait savoir d'où tu viens de ce pas?

HOLT, *avec menace, à Cornélius.*

Hum!

NATIVA.

Laisse le parler—car la nuit qui doit suivre
Qui sait s'il parlera!—vis, hâte-toi de vivre,
O vieillard!—car il vient à grand pas, le moment,
Où ton cœur doit donner son dernier battement

HOLT.

Lis dans l'avenir, ma belle à l'œil magique?

NATIVA.

Oui, le temps lègue au temps sa dette prophétique;
Oui, toujours le passé s'engage.
(*Tristement.*)
Par malheur,

L'avenir est souvent un mauvais débiteur!
Car le terme est échu.

HOLT.

Enfant, que veux-tu dire?

NATIVA.

La trois-centième année aujourd'hui même expire,
Et nous sommes toujours errants.

HOLT.

Ne sais-tu pas :
Le lion invincible est arrivé là-bas !...
Au Caire?

NATIVA.

Oui, je le sais, il ne fait qu'apparaître,
Passe, et s'évanouit,—le croissant va renaître.
(Avec inspiration.)
L'astre resplendissait au sombre firmament,
Son éclat rayonnait pur comme un diamant..
Mais un reflet rougeâtre a terni son aurore,
Et l'astre renégat, passager météore,
Recule à l'horizon, fuit et ne répond pas
Aux peuples d'Orient qui lui tendent les bras !
Trois fois malheur ! il fait mentir la prophétie,
Et veut être César quand il était Messie !

LES DEUX MOINES.

Elle est folle!

HOLT.

Morbleu, taisez-vous, ou sinon...

NATIVA.

Oh ! laisse-les parler tant qu'ils ont leur raison,
Car bientôt l'un et l'autre, accusés de démence,

Seront avec mépris sauvés de la potence,
Mais devront en public recevoir tous les deux,
De l'écolier rétif, le châtiment honteux !
— Vous ne dites plus rien ? —
(Au vieillard et à l'enfant.)
En route.—
(A Holt.)
Adieu, rebelle !

HOLT.

Tu ne partiras pas, sans m'avoir dit, la belle,
Où tu vas... et ton nom ?—

NATIVA.

Mon nom est Nativa,
Te dire où je vais, non, — Dieu seul sait où l'on va !

LE PÈRE JEAN.

Ils ne partiront pas !

HOLT.

Père Jean, qu'est-ce à dire ?

LE PÈRE JEAN.

Ce sont des espions !

HOLT.

Êtes-vous en délire ?
Ces gens, des espions ?—

MURPHY.

Ils nous porteraient tort !
A mort, les espions...

LE PÈRE JEAN ET CORNELIUS.

Les espions,—à mort !
Dans le lac.

MURPHY.

Dans le lac, oui noyons-les...

HOLT, *avec force.*

Silence !

MURPHY.

Chef, tu dois obéir aux lois de la prudence,

HOLT.

Des enfants, un vieillard... c'est une lâcheté !
Silence ! ou dépouillez l'habit de charité,
Dont vous êtes vêtus... Oserez-vous me dire
Que c'est l'esprit de Dieu, moines, qui vous inspire?

(*Aux bohémiens.*)

Vous restez ici tous les trois sous mes yeux...
Et si quelqu'un touchait un seul de vos cheveux —
— Il est jugé !

NATIVA.

C'est bien,—et du fond de mon âme
Je te prédis, à toi, qui sauves une femme,
Qu'une femme à son tour bientôt te sauvera,
Et du plomb des Anglais ton sein préservera ;
Merci, trois fois merci !—

HOLT.

Que cette femme est belle !

MURPHY, *à ses compagnons.*

L'infernale gipsy, comme elle l'ensorcelle.

HOLT.

C'est bon, relevez-vous, vous partirez demain.—

(*A part.*)

Je sens encore frémir sa lèvre sur ma main...
Je ne veux plus la voir.—

(*Prêtant l'oreille.*)
Mais écoutez.—
UNE SENTINELLE, *au loin.*
Qui vive!
(*Holt et les trois chefs sortent de la grotte.*)

SCÈNE III.

(Hors de la grotte.)

HOLT, LES TROIS CHEFS, *puis* GÉRALD *et* RAYNOLDS. (*Un chien vient en courant vers Holt.*)

HOLT.
Mon brave aide de camp, dis-moi, qui donc arrive
(*Le chien lèche les mains de Holt d'un air caressant.*)
UNE VOIX, *dans la coulisse.*
Irlande pour toujours!—
HOLT, *frappant sur la tête du chien.*
C'est bien, c'est un ami.
CORNÉLIUS.
C'est Gérald!—
LE PÈRE JEAN.
Commandant, quelqu'un est avec lui.
(*Arrivent Raynolds et Gérald.—Jeu muet dans lequel Gérald présente Raynolds à Holt,— après lequel les trois chefs se retirent dans la grotte, emmenant Raynolds avec eux.—Gérald et Holt restent seuls hors de la grotte.*)

SCÈNE IV.

(Hors de la grotte.)

HOLT et GERALD.

GÉRALD.

J'apporte, général, d'excellentes nouvelles.
Le parc d'artillerie appartient aux rebelles;
Harvey s'est emparé du comté de Wexford,
La révolte grandit et gagne tout le nord...
Le grand jour est venu, — le Comité suprême
Agit et prévoit tout; on dit qu'on a vu, même,
Surgir à l'horizon l'escadre des Français!

HOLT.

Saint Patrick! nous marchons de succès en succès,
Le sang républicain vient réchauffer l'Irlande.
A nous, France, et bientôt la moisson sera grande.

GÉRALD, *remettant des papiers à Holt.*

Les dépêches et puis la proclamation
Du capitaine Rock.

HOLT.

Est-ce tout?

GÉRALD, *embarrassé.*

Mais... oui...

HOLT, *vivement.*

Non.

Tu ne me dis pas tout. William Orr, mon beau-frère,
Ma sœur, mon fils, comment vont-ils?

GÉRALD.

Bien.

HOLT.

Sois sincère,
Parle sans hésiter; tu le vois, je suis fort, —
William?

GÉRALD.

On l'a pendu ce matin.

HOLT.

Il est mort!
Et... ma sœur?

GÉRALD.

Elle s'est frappée à la poitrine
Pour suivre son époux.

HOLT.

Vertueuse héroïne!
Et mon fils?

GÉRALD.

Votre fils...

HOLT.

Il est seul, maintenant;
Que va-t-il devenir. — Mon fils, mon pauvre enfant!
Il est en sûreté, n'est-ce pas? — Ce silence...
Les tigres! — je comprends...

GÉRALD.

Tout près de la potence
William, a-t-il crié, tu peux mourir en paix,
Mon père vengera ta mort sur les Anglais.
Condamné sur-le-champ par le conseil de guerre
A mourir sous le fouet ou dénoncer son père,
Il a vu sans pâlir arriver le bourreau.
Chaque coup, de ses chairs enlevait un lambeau.

Ses lèvres rayonnaient d'un sourire sublime.
Parle, a dit le bourreau.—Frappe, a dit la victime ;
Et l'enfant est tombé !—

HOLT.

Tombé comme un héros,
Mon enfant !—Ah ! Gérald, je sens là des sanglots
Prêts à s'amonceler en ouragan terrible...
Arrivent les Anglais, mon bras est invincible !—
Oui, je vous vengerai !—Morts tous trois,—tu l'a dit ?
Tous trois... William, ma sœur et mon pauvre petit !
Je ne veux pas pleurer,— pourquoi d'oisives larmes ?
De semblables décès se pleurent par les armes.
Contenez-vous, mes yeux, et faites que demain
Des flots de désespoir s'échappent de ma main.
—Tu disais que Bagnal a pris l'artillerie ?

GÉRALD.

Oui, général.

HOLT.

Mon fils, mon orgueil et ma vie...
Ma sœur, William, tous trois... Moi qui n'avais plus
Brusquement, à Gérald. [qu'eux !
C'est assez, plus un mot de leur mort, je le veux !
—J'ai besoin d'être seul ; va, rentre sous la grotte,
Et prépare au serment le nouveau patriote !
(*Gérald va pour rentrer dans la grotte.*)

HOLT.

Gérald !—

(*Gérald revient*).
Tu me parlais de dépêches, je crois...
Donne.—

GÉRALD.

Vous les avez...

HOLT, *s'apercevant qu'il les tient à la main.*

C'est bien.—

(*Gérald entre dans la grotte.*)

HOLT, *d'une voix étouffée.*

Morts, morts tous trois!

(*Il s'éloigne dans le fond*)

SCÈNE V.

(Dans la grotte.)

MURPHY, CORNELIUS, PÈRE JEAN, NATIVA et
LES Bohémiens, GERALD et RAYNOLDS.

CORNELIUS, *à Gérald.*

Cette femme qui dort est une Égyptienne?

LE PÈRE JEAN.

Elle a tourné la tête à notre capitaine.

MURPHY, *levant les épaules.*

Enfin!

LE PÈRE JEAN, *à Gérald.*

Il n'est pas gai, le nouveau compagnon.

GÉRALD.

S'il est triste, après tout, ce n'est pas sans raison;
Depuis vingt ans, Murphy, le désespoir l'accable!

MURPHY.

Qu'a-t-il donc?

GÉRALD.

Son histoire est assez lamentable.
Demandez qu'il vous la raconte, et vous verrez. —
Entre nous, je le crois un peu...

MURPHY.

Vous soupirez,
Raynolds?

RAYNOLDS.

O mes amis, pardonnez, mais je souffre!

MURPHY.

Sans doute un souvenir?

RAYNOLDS.

Ma douleur est un gouffre
Sans fond! Depuis vingt ans mes pleurs ont beau couler
Un vide immense est là, que rien ne peut combler,

LE PÈRE JEAN.

Et ce sont les Anglais qui causent vos souffrances?

RAYNOLDS.

Quand donc se lèvera le grand jour des vengeances!

MURPHY.

Bientôt, — nous l'espérons.—

RAYNOLDS.

Oui, ce sont les Anglais...
Mais où poser le pied sur le sol irlandais,
Sans que la voix des morts, surgissant des abîmes,
Ne crie: Enfant d'Erinn, souviens-toi des victimes!

TOUS.

Hélas!

RAYNOLDS.

Et quant à moi, ces suppôts de l'enfer

M'ont fait boire à longs traits tout le calice amer
Des humaines douleurs.—Que m'eût fait la misère,
Dieu puissant! — tu m'as vu, courbé sur cette terre,
Laboureur résigné, — mouillant de mes sueurs
Le sillon qui devait nourrir nos oppresseurs...
Mon bras était robuste, et mon âme tranquille,
Seigneur, — tu m'avais fait l'existence facile.
Je savais qu'au logis, chaque jour revenant,
Je pourrais embrasser ma femme, mon enfant,
Deux êtres adorés, tout mon bonheur au monde! —
Mon fils... je vois encor sa belle tête blonde
Sourire, et se cacher sur le sein maternel... [ciel,
Lorsqu'ils dormaient tous deux, ces beaux anges du
Mon regard les couvait, et souvent, à l'aurore,
Mes yeux inassouvis les contemplaient encore!

(*D'une voix sombre.*)

Voilà qu'un jour...

TOUS.

Eh bien !

RAYNOLDS.

Surprise par la faim,
L'Irlande se soulève et demande du pain...
Afin de comprimer cette émeute affamée,
Au lieu de pain, l'Anglais nous envoie une armée!
Et quelle armée, ô ciel! et peut-on, sans frémir,
Réveiller de ce temps l'horrible souvenir!
Les infâmes bandits laissaient sur leur passage
La désolation, le meurtre et le pillage...
—Un jour, j'étais allé, sombre et désespéré,
Disputer aux oiseaux quelque fruit égaré,

Un noir pressentiment vint obscurcir ma vue,
Personne sur le seuil n'attendait ma venue,
Personne... A cet aspect tout mon corps chancela...
Personne! les Anglais ont donc passé par-là!!—
Bondissant comme un tigre au seuil de ma chau-
[mière: —
Le berceau de mon fils était vide!... et la mère,
Dans quel état, grand Dieu!... Pâle, les yeux hagards,
La gorge ensanglantée et les cheveux épars!
Que voulez-vous encor? dit-elle. — Elle était folle!
Mon fils... mon fils!... ce fut sa dernière parole.—
En vain je l'appelais... ce que j'avais aimé
N'était plus dans mes bras qu'un être inanimé.

TOUS.

Honte sur les Anglais!

RAYNOLDS.

Non, je ne puis vous dire
Tout ce qui se passa dans ma tête en délire.
Mon œil fut sec, ma voix ne poussa pas un cri.
Perdre ainsi d'un seul coup un fils, ange chéri!
Une femme adorée... oh! c'était impossible,
Je ne pouvais le croire; immobile, insensible,
Comme un spectre de marbre assis sur un tombeau,
Muet, — je contemplais ce corps et ce berceau...
Dieu prit pitié de moi dans ce moment suprême;
Pendant dix ans je fus comme absent de moi-même.
On m'enferma, j'avais perdu le souvenir
Et la raison. — Plus tard, quand on me fit sortir,
Après avoir rendu ma tête à la pensée,
On me remit alors cette lettre laissée

Tout auprès du berceau par les Anglais — jadis. —
Voici ce qu'elle dit : — « Nous emmenons ton fils ;
» Au lieu d'une existence et précaire et commune,
» Nous voulons lui donner un nom, une fortune.
» Ne sois pas inquiet, ne désespère pas ;
» Un jour peut arriver où tu le reverras ! »
(*Nativa lève les yeux et regarde attentivement
Raynolds.*)

LE PÈRE JEAN.

Et depuis ?

RAYNOLDS.

J'ai fouillé l'Irlande tout entière :
La cabane du pauvre et la demeure altière
Du riche ont vu mes pas se heurter à leur seuil...
J'y trouvai la pitié ; mais l'objet de mon deuil,
Mon fils... mon pauvre fils... rien, rien, aucune trace.
L'espoir est un fardeau dont mon âme se lasse !
Mes yeux ont ruminé leurs larmes, — il est temps
D'exhaler un courroux que j'ai couvé vingt ans,
Et j'apporte ma faux pour la moisson prochaine...
Ils sont mûrs les épis engendrés par la haine !

SCÈNE VI.

(Hors de la grotte.)

HOLT, *tenant à la main des dépêches décachetées. —
Il paraît agité. Lisant :*

« *Le Comité suprême au général commandant
le camp de Wicklow.*

« A la première heure du jour vous serez attaqué par les forces anglaises. — Ne soutenez le combat que faiblement. — Feignez une déroute et fuyez aussitôt avec vos rebelles par les mille sentiers des marais d'Allen ; laissez vos ennemis nouveaux débarqués s'engager follement dans ce labyrinthe inextricable. — Vous devrez alors faire rentrer vos hommes dans leurs foyers, après qu'ils auront caché leurs armes selon la manière prescrite, et attendre de nouveaux ordres »

Il faudra contenir ma haine et ma colère
Et fuir, fuir devant eux, lorsque j'aurais pu faire
Des prodiges, et broyer un par un dans mes bras
Tous les vils protecteurs de ces vils attentants. —
Mais je dois obéir au Comité suprême,
Je redeviens soldat, et je ne suis plus moi-même,
Faisons notre devoir, — aux armes ! —

(*Dans la coulisse.*)

Garde à vous ! —

(*Cornélius, le père Jean et Murphy sortent de la grotte et viennent trouver Holt.*)

Appelez vos soldats et qu'ils s'assemblent tous.

SCÈNE VII.

(Dans la grotte.)

NATIVA, RAYNOLDS.

NATIVA.

Tu n'as pas épuisé la coupe des souffrances,

Et le fond est amer bien plus que tu ne penses;
Il vaudrait mieux pour toi mourir subitement
Que de revoir ton fils ayant fait le serment.

RAYNOLDS.

Mon fils existe donc? —

NATIVA.
Oui.

RAYNOLDS.
Je dois le connaître?

NATIVA.

Oui.

RAYNOLDS.

Ce mot me suffit et je me sens renaître!...
Quand je devrais souffrir comme mille damnés,
Si je dois le revoir que m'importe!

SCÈNE VIII.

(Hors de la grotte.)

HOLT, GÉRALD, PÈRE JEAN, MURPHY, CORNÉLIUS, *puis* RAYNOLDS. — *L'armée des Irlandais-Unis.*

HOLT.
Amenez
Notre nouveau venu. — Patriotes et frères,
Nous réclamons ici vos ferventes prières,
Afin que le Seigneur bénisse ses serments!

(L'armée s'agenouille.)

(*Le père Jean et Michel Murphy se placent de chaque côté de Holt, l'un tenant un crucifix et l'autre un tableau sur lequel est écrit le texte du serment. — Gérald prend Raynolds par la main et le conduit devant Holt.*)

HOLT.

Ton nom ?

RAYNOLDS.

Thomas Raynolds.

HOLT.

Ton âge ?

RAYNOLDS.

Cinquante ans !

HOLT.

Sais-tu bien quel serment nous enchaîne et nous lie ?

RAYNOLDS.

Je le sais.

HOLT.

Et tu veux nous consacrer ta vie ?

RAYNOLDS.

Je le veux.

HOLT.

Si jamais tu venais à faiblir,
Partout où tu serais nous saurions te punir !
— Sur celui qui souffrit l'outrage et la torture
Pour nous régénérer ! — étends la main et jure ! —

RAYNOLDS — *lève la main droite sur le crucifix, et appuyant l'index de la main gauche sur le tableau qu'on lui présente, — il lit lentement.*

En présence de Dieu, le père créateur,

De son Fils qui connaît les replis de mon cœur, -
Du Saint-Esprit qui voit mon but et ma pensée,
Je me donne et me voue à l'œuvre commencée
Par l'association des Irlandais-Unis
Pour combattre et chasser nos mortels ennemis...
Déclarant préférer mille fois la torture
A la honte éternelle attachée au parjure,
Puisse la Trinité m'accorder son secours :
Guerre et mort aux Anglais — Irlande pour toujours!
(Holt donne l'accolade à Raynolds.)

HYMNE NATIONAL.

CHŒUR.

— C'est trop gémir et souffrir en silence,
Au courage, à la force ayons enfin recours,
Méprisons les tyrans et leur vaine puissance,
C'est de nous, de nos cœurs, unis par la vengeance,
Que la patrie attend son unique secours.
Réveille-toi, triomphe, Irlande pour toujours !
— Pour conquérir ta noble indépendance
Des milliers de héros volent à ton secours,
Nos femmes, nos enfants, gémissent en silence,
Les pleurs de l'opprimé fécondent la vengeance.
Réveille-toi, triomphe, Irlande pour toujours !

HOLT.

Le capitaine Rock par ma voix rend hommage
A votre dévoûment, ainsi qu'à ce courage,
Qui, malgré les frimats, la fatigue et la faim,
Ne vous a jamais fait perdre un pied de terrain.

Il rend surtout hommage à votre discipline,
C'est sur elle avant tout que le chef qui domine
Compte pour arriver au résultat final.
Sitôt que nous verrons l'aube au pied matinal,
Sautant de mont en mont, surgissant de la plaine,
Les Anglais paraîtront, épuisés, hors d'haleine...
Eh bien, le croiriez-vous... nous fuirons devant eux!

TOUS.

Jamais!!!

HOLT.

Mais il le faut, c'est l'ordre rigoureux
Du capitaine Rock; dans mon obéissance,
Comme vous, croyez-le, je me fais violence!
En fuyant à propos, très-souvent on a vu
Surgir un résultat admirable, imprévu.
Nous fuirons, pour prouver au Comité suprême
Que nous n'avons été vaincus que par nous-mêmes,
Et que si quelque chose eut jamais le pouvoir
De nous faire plier, ce fut notre devoir!
— Jusque-là, prenez tous un repos nécessaire,
Car demain nous aurons de longs trajets à faire, —
Vous, Raynolds et Gérald, chacun par un chemin
Séparé, — vous allez retourner à Dublin,
Vous remettrez ces plis au Comité suprême;
Quant aux ordres nouveaux, il vous faudra de même,
Chacun, séparément, venir les rapporter.
Je compte sur vous deux.

RAYNOLDS ET GÉRALD.

Vous pouvez y compter!

RAYNOLDS, *à part à Gérald.*

J'ignore le destin que le Ciel me réserve,
Mais, si je suis tué, que cet écrit te serve
A retrouver mon fils... et que ton amitié
Excite dans son cœur un élan de pitié;
Qu'il verse quelques pleurs en pensant à son père,
Dis-lui ce que tu sais du malheur de sa mère,
Et que nous l'attendons à la droite de Dieu.
Dis... tu me le promets. — Adieu Gérald!

GÉRALD.

Adieu!
(Ils sortent.)

HOLT.

Et ces Egyptiens? —

MURPHY.

Qu'ils poursuivent leur route...

HOLT.

Puisqu'il nous faudra fuir, nul de vous ne redoute
Aucune trahison de leur part? —

LE PÈRE JEAN.

Mon Dieu, non!
Disposez de leur sort, si vous le trouvez bon...

HOLT.

Adieu, pauvres proscrits, — allez de par le monde
Poursuivre votre vie errante et vagabonde!

NATIVA.

Adieu, chef généreux, dont la voix nous sauva,
Tu gardes un lambeau du cœur de Nativa!
Au revoir!... — Souviens-toi. —

(Ils sortent.)

HOLT.

Pauvre fleur prophétique,
Suis ton sort, — et répands ton parfum poétique ! —
Enfin, je suis donc seul, et je puis dilater
Ce cœur que la douleur allait faire éclater !

(*Un silence. — Holt se dirige lentement au fond du théâtre et s'assied au bord du lac.*)

Tous trois... morts tous les trois. —

(*Son chien accourt vers lui et lui lèche les mains.*)

Mon pauvre capitaine,
Je n'ai donc plus que lui qui m'aime et me com-
[prenne !

(*Un silence profond, interrompu par la voix des sentinelles qui crient :* Garde à vous ! *et par le chant de
Nativa qui s'éloigne et qui s'éteint.*)

(*La toile baisse lentement.*)

FIN DU PROLOGUE.

PERSONNAGES DU DRAME :

DANIEL, jeune avocat (25 ans).
ROBERT ELFORD, secrétaire intime du vice-roi (20 ans).
RAYNOLDS, Irlandais-Uni (50 ans).
LE VICE-ROI.
GÉRALD, Irlandais-Uni.
O'MANN,   d°
RICHARD,   d°
NORBURY, attorney-général.
LE GEOLIER.
HOLT, commandant le camp d'Allen.
JENNIE, pupille de Daniel.
MARTHE, sa gouvernante.
NATIVA, Egyptienne.
LE MENDIANT CYNIQUE. — 1er MENDIANT. — 2e MENDIANT. — 1er BOURGEOIS. — 2e BOURGEOIS. — UN TAVERNIER. — UN PORTEFAIX. — UN PAUVRE FERMIER. — UN OUVRIER. — UN IRLANDAIS-UNI. — UN OFFICIER ANGLAIS. — UN OFFICIER ÉCOSSAIS.

LE CAPITAINE ROCK.

ACTE PREMIER.

Chez Daniel. — Un salon. — Fenêtre dans l'angle du fond à gauche. — Porte au fond. — Deux portes latérales.

SCÈNE Ire.

JENNIE, *à la fenêtre.* — MARTHE, *sur le devant, assise et travaillant à une robe de noce.*

JENNIE.

Comme il tarde ! —

MARTHE, *appelant.*

Jennie ! — Elle ne m'entend pas ! — Quelle suite sans fin de soupirs et d'hélas... Cela brise le cœur. —

UN CRIEUR, *au dehors.*

Voyez l'exécution qui vient d'avoir lieu du véritable capitaine Rock, arrêté cette nuit et condamné par la cour martiale à la peine de mort, comme coupable du crime de haute trahison.

JENNIE, *venant près de Marthe.*

Ciel! que viens-je d'entendre...
Le capitaine Rock?

MARTHE.

On aura beau le pendre,
Le hacher, le broyer, tant et plus qu'on voudra,
Demain, comme toujours, madame, il renaîtra!

JENNIE.

Dis-tu vrai?

MARTHE.

Saint Patrick! êtes-vous incrédule,
Il est comme l'oiseau, qu'on brûle et qu'on rebrûle,
Vous verrez si demain, l'être aujourd'hui — pendu,
Aux Irlandais-Unis ne sera pas rendu;
Et cela, bien portant!

JENNIE.

Tant pis, Marthe!

MARTHE.

Silence!
Qui, vous?.. former des vœux contre l'indépendance,
Vous, fille de Forster, patriote et martyr!

JENNIE.

De honte et de remords tu vois mon front rougir,
C'est l'épouse d'Elford qui parle, et non la fille
De Forster l'Irlandais; je n'ai plus de famille;
Marthe, plus de pays, — je n'ai que de l'amour!
Je sens que mon repos s'est enfui sans retour!

MARTHE.

Aussi, c'est votre faute, il fallait, au contraire,
Selon le dernier vœu de votre pauvre mère,

Epouser Daniel, votre tuteur, — mais non !
Les jeunes filles... Ah ! — je ne sais quel démon
Se mêle de guider leurs têtes étourdies ;
Mais il leur fait jouer d'étanges comédies ! —

JENNIE.

Femme de Daniel, — j'aurais béni mon sort ;
Car alors j'ignorais l'existence d'Elford. —
Mais le jour qu'il parut tout mon cœur à sa vue
Palpita vivement dans ma poitrine émue. —
Il me vit, — mon regard fléchit devant le sien.
Il parla, — ce qu'il dit, je ne le sais pas bien,
Mais — le son de sa voix, comme une mélodie,
Absorba, fascina mon oreille ravie ;
Si bien que lorsqu'il eut terminé son discours,
Sa voix vibrait encore et... j'écoutais toujours !
Lorsque j'appris son nom, je pâlis de surprise ;
Lui, complice d'un joug que l'Irlande méprise...
Marthe, pour le haïr je fis un vain effort ;
Mais ma raison céda, mon cœur fut le plus fort,
Je l'aimai. — Cet amour dévorant, implacable,
Je lui fis dans mon âme un temple impénétrable,
Un asile, un foyer, où brûlant en secret,
J'espérais qu'à la fin peut-être il s'éteindrait ;
Personne ne le sut, et l'heure était sonnée
Où mon tuteur devait changer ma destinée ;
A l'ordre maternel il fallait obéir, —
Lorsqu'Elford, qui sans doute avait su découvrir
Tout ce que je souffrais, m'écrivit cette lettre
Que je tiens sur mon cœur, et que tu vas connaître :

« Adieu, Jennie, et pour toujours, car vous allez appartenir à un autre; la reconnaissance vous fait un devoir d'obéir, et l'amitié m'ordonne de me taire, je ne dois pas être témoin de votre union; la jalousie pourrait me faire haïr un homme que j'aime, et l'amour ferait naître en mon âme un espoir que je dois étouffer dès sa naissance. — Adieu, Jennie, je vous estime trop pour rester auprès de vous.

« Celui que vous aimez. — »

Je voulais étouffer ma honte, mon chagrin..
Mais le secret d'Elford s'échappa de ma main;
Mon tuteur apprit tout. — Sans éclat, sans colère,
Il abdiqua les droits qu'il tenait de ma mère;
Un autre cœur que lui pouvait en abuser...
Mais lui, — vois, c'est Elford que je vais épouser.

SCÈNE II.

MARTHE, JENNIE, ROBERT ELFORD.

MARTHE.

Quelle pâleur!

JENNIE.

Robert!

ROBERT.

O ma belle Jennie!

JENNIE.

Vous souffrez ?

ROBERT.

Ce n'est rien.

JENNIE.

Vrai ?

ROBERT.

Deux nuits d'insomnie,
Les travaux sont nombreux auprès du vice-roi,
Les Irlandais-Unis nous donnent de l'émoi.
La révolte a gagné tout le nord de l'Irlande,
Et nous ne voulons pas que son réseau s'étende
Jusqu'à Dublin. —

JENNIE.

Hélas, Marthe ! —

ROBERT.

Vous soupirez ?

JENNIE.

Oui, je pense aux dangers, Elford, que vous courrez.

ROBERT.

Aux dangers que je cours...

JENNIE.

Si l'armée irlandaise
Triomphe, — pensez-vous que sa haine s'apaise,
Elford, si vous tombez au pouvoir du vainqueur,
Ne redoutez-vous pas son aveugle fureur ?
Du puissant vice-roi, vous, secrétaire intime,
Ah ! Robert, vous seriez sa première victime !

ROBERT.

Si la mort doit venir m'arracher de tes bras,

Ce n'est point de leur part que j'attends le trépas.
Les Irlandais vainqueurs!...

JENNIE.

Robert, je vous en prie,
Quittez en parlant d'eux ce ton de raillerie.
N'oubliez pas, si vous tenez à mon amour,
Que c'est un Irlandais qui m'a donné le jour.
Et que mes premiers pleurs ont maudit l'Angleterre !

ROBERT.

Pauvre ange, je le sais, ils ont tué ton père !
Ces Anglais... Oh !!

JENNIE, *avec étonnement.*

Robert !

ROBERT, *s'asseyant comme accablé de fatigue.*

Va, nous serons heureux ;
Rien ne s'oppose plus, ma Jennie, à nos vœux ;
Mon père, lord Elford, vient de me faire écrire
Par son vieil intendant ce billet. — Il consent
A notre mariage, et — comme il est absent,
Le noble vice-roi qui m'estime et qui m'aime.
Viendra le remplacer dans ce moment suprême.
Il faut, excepté lui, que chacun à Dublin
Ignore que Robert va posséder ta main,
Et que c'est aujourd'hui que tu deviens ma femme.
Dès que le prêtre aura mis la joie en notre âme,
Pour la ferme d'Allen tu partiras sans bruit...

JENNIE.

Avec vous?

ROBERT.

Non, j'irai te rejoindre à minuit.

(*A part.*)
Si Dieu le veut!

JENNIE.

Robert, pourquoi tout ce mystère,
Que se passe-t-il donc?

ROBERT.

Je dois encore me taire,
Demain tu sauras tout, — mais sache en attendant
Que c'est de ce secret que mon bonheur dépend.

JENNIE.

J'obéirai.

MARTHE.

Madame, il s'endort... quel scandale!

JENNIE.

Marthe, regarde donc comme son front est pâle...

MARTHE.

Il s'endort!

JENNIE.

Oui, ses yeux se ferment malgré lui!
Voilà bientôt trois nuits qu'il ne s'est endormi
La fatigue l'accable...

MARTHE.

Ah! de mon temps...

JENNIE.

Silence!
De ton temps, on dormait comme aujourd'hui, je pense?

MARTHE.

Mais dormir au moment de monter à l'autel,
Que fera-t-il plus tard?

JENNIE.

Non, Marthe... au nom du ciel,

Ne le réveille pas.—Vois quel sommeil paisible...
Complice des Anglais, lui,— non, c'est impossible!—
Viens, — poussons ce fauteuil-là, dans ce cabinet
Il sera plus tranquille...
>   (*Elles poussent le fauteuil, sur lequel Elford s'est endormi, dans la porte de droite*).

MARTHE, *revenant*.

Bon Dieu, si l'on savait...

JENNIE.

Tais-toi !
>   (*Elle va pour fermer la fenêtre. — Reculant avec un cri.*)

Ciel ! qu'ai-je vu ?

MARTHE.

Quoi donc ?

JENNIE.

Sous la fenêtre,
Cet homme qui nous suis quand je sors...

MARTHE.

Mais peut-être
Qu'il passe. — Non, il vient.

JENNIE.

Marthe, c'est le malheur
Qu'il apporte avec lui, — cet homme me fait peur !

SCÈNE III.

MARTHE, JENNIE, GÉRALD.

GÉRALD.

Je vois que ma visite a lieu de vous surprendre :

Moi-même, le premier, j'étais loin de m'attendre
A vous trouver ici...

JENNIE.

Monsieur, je suis chez moi !

GÉRALD.

Je venais pour Elford. L'ami du vice-roi
M'a donné rendez-vous ici... c'est donc votre hôte ?
Vous, fille de Forster, le martyr patriote...

JENNIE.

Sir Elford est l'ami de maître Daniel
Depuis plus de dix ans ; — il est donc naturel
Que venant chaque jour le voir à la même heure,
Il ait, pour vous parler, choisi cette demeure.

MARTHE, *vivement.*

Sir Elford, en effet, est venu ce matin,
Puis il est reparti. — Si vous voulez, demain,
Vous pourrez...

GÉRALD.

Non, je dois le voir aujourd'hui même. —
(*A part.*)
Ce trouble... Quel soupçon, elle l'aime ! elle l'aime !
— Vous me permettrez bien de l'attendre un moment,
Car il va revenir, j'en suis certain.

MARTHE, *à Jennie.*

Comment...
Le voilà qui s'assied, mais... c'est inconcevable,
Quel sans gêne ! — Monsieur, il n'est pas concevable
Que vous restiez ici plus longtemps — vous pourriez
Nous compromettre, on est si méchant...

GÉRALD.

Vous croyez?

MARTHE.

Ça part comme un éclair, Monsieur, la médisance !
Et l'on a remarqué déjà la persistance
Que vous mettiez à nous suivre...

JENNIE, *vivement, bas à Marthe.*

Tais-toi !

GÉRALD.

Vous avez remarqué...

JENNIE.

Je n'ai rien... quant à moi...
Remarqué,— je ne sais ce que Marthe veut dire...

GÉRALD.

Ce trouble vous trahit...

JENNIE, *à part.*

Oh ! je suis au martyre !

GÉRALD.

Oui, je vous ai suivie. Oh ! vous le savez bien,
Jennie, écoutez-moi...

JENNIE.

Non... je n'écoute rien,
Monsieur, je ne sais rien, et vous voudrez, je pense,
Devant un tel langage excuser mon absence...

MARTHE.

C'est bien dit.

GÉRALD, *à part.*

Qu'elle est belle, et que cette pudeur
Réveille mon espoir et rassure mon cœur...
Ah ! dût-il m'en coûter le salut de mon âme,

Je le veux. — Il me faut l'amour de cette femme. —
(Haut.)
Elford ne venant pas, c'est bien, j'aurai l'honneur
De revenir plus tard !..

MARTHE, *élevant la voix.*

J'entends votre tuteur !

(*Gérald salue profondément Jennie pendant que Daniel paraît à la porte du fond et se range pour laisser passer Gérald*).

SCÈNE IV.

JENNIE, MARTHE et DANIEL.

DANIEL.

Quel est cet étranger, et qu'est-il venu faire ?

MARTHE.

C'est à Robert Elfort qu'il dit avoir affaire.
Il avait rendez-vous ici même avez lui...

DANIEL, *à lui-même.*

C'est bizarre; cet homme est Irlandais-Uni.

JENNIE, *se jetant au cou de Daniel.*

Mon frère !

DANIEL, *la baisant au front.*

Mon enfant !

JENNIE.

A-t-il gagné sa cause,
Notre pauvre fermier ?

DANIEL.

Non. — Parlons d'autre chose;

Aujourd'hui, je veux être égoïste, — je veux
Partager le bonheur de ceux qui sont heureux
Mais je n'aperçois pas ton fiancé, Jennie;
N'est-il pas arrivé?...

JENNIE, *mettant un doigt sur sa bouche.*
Chut!

DANIEL.
Mais que signifie?...

JENNIE.
dort!

DANIEL.
Comment! il dort?

MARTHE.
Oui, le pauvre garçon!
Le sommeil l'a surpris tout à coup, sans façon...
Ah! s'endormir une heure avant le mariage,
Si l'on savait cela, — mais tout le voisinage
Nous montrerait au doigt.

JENNIE.
Marthe, parle plus bas.
Oh! la mauvaise langue!... Elle ne nous dit pas
Qu'un travail important, depuis trois nuits entières,
Le retient éveillé; — ses brûlantes paupières
Peuvent plier devant un moment de repos...
Que m'importe, après tout, le monde et ses propos?
Mon cœur n'est point de ceux qu'un rien irrite et blesse.
J'aime Robert. — Je suis sûre de sa tendresse;
Et cet amour profond qui nous unit tous deux,
Je veux qu'on le respecte, entends-tu? je le veux!
Il dort toujours... Tiens, vois, quelque rêve sans doute
L'agite en ce moment...

DANIEL, *à part, regardant Jennie.*

　　　　　　　　　　Puisses-tu sur ta route
Rencontrer le bonheur! Moi, j'ai fait mon devoir.
Oublions!...
　　　(*Il va pour entrer dans le cabinet.*)
　　　　　JENNIE, *avec inquiétude.*
Mon ami!
　　　　　　　DANIEL.
　　　　　　　　　　Je mets dans un tiroir
Ce dossier.
　　　　　　　JENNIE.
Pas de bruit, du moins!
　　　　　　　DANIEL.
　　　　　　　Non, sois sans crainte.

SCÈNE V.

MARTHE, JENNIE.

JENNIE.

Ne remarques-tu pas comme un air de contrainte,
Marthe, chez mon tuteur?...
　　　　　　MARTHE.
　　　　　　　　　Ne devinez-vous pas
Ce qui doit se passer dans son cœur?
　　　　　　JENNIE.
　　　　　　　　　　Oh! plus bas!
　　　　　　MARTHE.
Et que pour lui ce jour est un jour de torture...

JENNIE.

Ne me dis pas cela, Marthe, je t'en conjure;
Car fonder son bonheur sur la douleur d'autrui,
Ce n'est plus le bonheur! —Tais-toi! tais-toi, c'est lui!

SCÈNE VI.

Les Mêmes.

DANIEL, *avec agitation.*

Quai-je entendu?...

JENNIE.

Quoi donc?

DANIEL.

Rien... ce n'est rien, Jennie.
Nous partirons bientôt pour la cérémonie...
Tu n'es pas prête encor?

MARTHE.

Ce ne sera pas long.

DANIEL.

C'est cela. Hâtez-vous...

JENNIE.

Que se passe-t-il donc?

SCÈNE VII.

DANIEL, *puis* ROBERT ELFORD.

DANIEL.

Elle s'éloigne! — O ciel! voilà donc le mystère

Que depuis si longtemps il s'obstine à me taire!
Mais enfin — je sais tout .. son sommeil l'a trahi!
Comment! moi, qui mettais ma confiance en lui...
J'ignorais... Écoutons. L'imprudent, comme il rêve!
Si quelque autre que moi... Mais son sommeil [s'achève,
Ses yeux s'ouvrent. — Robert!

ROBERT.

Qui m'appelle?

DANIEL.

C'est moi.

ROBERT.

Daniel. — Mon ami.

DANIEL.

Prends un siége.

ROBERT.

Pourquoi?
Ton regard est voilé d'une sombre tristesse;
Qu'as-tu donc, Daniel, et quel chagrin t'opresse?

DANIEL.

Hélas! j'entends au loin la révolte rugir,
Et songeant au passé, je crains pour l'avenir.
Érinn, comme toujours, on brisera tes armes;
Tu sèmes des héros pour récolter des larmes!

ROBERT.

Ciel!... que dis-tu?

DANIEL.

Je dis que depuis six cents ans
L'Irlande, et ses efforts sans cesse renaissants
Contre le joug anglais, ce rocher d'égoïsme,
Heurte et brise les flots de son patriotisme.

Qu'allons-nous devenir? Nous faudra-t-il toujours
Employer des complots le stérile secours?
Loin de nous affranchir, nous avons vu nos peines
S'aggraver; chaque effort a resserré nos chaînes!

ROBERT.

Non! non! je n'y tiens plus; mon sein, plein de [douleur
Brûle de confier ses sanglots à ton cœur!...
O Daniel! sais-tu quelle secrète rage
Fermente dans mon cœur et rougit mon visage?
Ces Anglais, — ils voulaient me faire le bourreau
De cette verte Érinn qui porta mon berceau!
Daniel! Daniel! je connais les infâmes :
Ils me croyaient Anglais, ils m'ont ouvert leurs âmes;
Et j'ai lu dans ces cœurs, qu'en tremblant je sondais,
Qu'ils veulent de l'Irlande, et non des Irlandais.
Oui, c'est un peuple entier que lentement on mine,
Ceux-ci par l'échafaud, ceux-là par la famine;
Et quant aux députés de notre Parlement,
Ils résistent en vain : contre eux on a l'argent...
Quoi! la corruption, le fer et la misère
Sur son lit de douleur torturent notre mère,
Et tu veux, Daniel, que ses nombreux enfants
Ne se soulèvent pas pour chasser les tyrans!

DANIEL.

Non, Robert, non ; crois-moi, la lutte est inutile ;
Notre sang coule en vain dans un sillon stérile...
Non, contre un oppresseur dès qu'un peuple est armé,
Il perd, s'il est vaincu, son titre d'opprimé..—
Ayant souillé de sang son droit d'indépendance,
De la loi du plus fort il doit subir la chance!

ROBERT.

Ainsi donc, Daniel, il faudrait, selon toi...

DANIEL.

Lutter patiemment à l'abri de la loi.

ROBERT, *avec ironie.*

Oui,—qu'aux cris du troupeau bêlant pour la justice,
Le léopard, repus, s'arrête et s'attendrisse?

DANIEL.

Je veux... écoute-moi. — Prométhée enchaîné
Est-il esclave? — Non, il est, comme il est né,
Libre, libre toujours, car la force insensée
Peut agir sur son corps, mais non sur sa pensée.
Sa pensée est son bien ; qui peut la lui ravir?
Il pense ! — Et Jupiter lui-même va pâlir ! —
Me comprends-tu, mon frère, il faut agir de même.
Enveloppons-nous bien dans notre droit suprême.
Si nos bras sont vaincus, notre âme ne l'est pas.
Luttons avec notre âme, et non avec nos bras ;
Et bientôt, nous verrons leur brutale puissance
Reculer de frayeur devant notre innocence !

ROBERT.

Nos cris et nos efforts, frère, seraient perdus
Si de l'Europe entière ils n'étaient entendus...
Quel sera l'avocat de l'Irlande mourante?

DANIEL.

Un homme à la poitrine et carrée et vibrante
Qui parlera toujours et partout, sans effroi,
Jusqu'au dernier soupir ; et cet homme,—c'est moi !
L'Irlande tout entière est là dans ma poitrine.
J'entends bondir ma voix de colline en colline,

Jusqu'au delà des mers les monts sont ébranlés;
Les peuples et les rois se regardent troublés,
Se demandant, pourquoi ce cri d'alarmes
De leurs yeux étonnés fait ruisseler les larmes.
Et moi, je répondrai comme un écho lointain :
— Gémissez! — c'est Abel massacré par Caïn!
Apanage de l'homme, ô noble intelligence!
Je te voue au travail de notre indépendance! —

ROBERT.

Frère, l'Esprit divin est descendu sur toi;
Ta parole a vibré dans mon âme, et j'y croi;
Ta raison m'éblouit, et je ne puis te dire
Combien je te respecte et combien je t'admire!

DANIEL.

Tout homme a des projets fondés sur l'avenir;
Mais ce n'est qu'au succès que l'on doit applaudir.
Qui suis-je, et qu'ai-je fait, mon frère, pour que j'ose
Me charger de plaider une pareille cause?

ROBERT.

Les apôtres du Christ, prêchant la vérité,
N'étaient que des pécheurs pris dans l'obscurité;
Leur parole ignorante a converti le monde...
Qu'importe le mineur, quand la mine est féconde!...

DANIEL.

Enfin, je trouve donc quelqu'un qui me comprend.
Le rôle que je vais jouer est assez grand,
Robert, pour absorber chaque heure de ma vie,
Je t'ai donc confié le destin de Jennie,
Pensant que tu pourrais, libre de tout danger,
Lui consacrer tes jours, l'aimer, la protéger,

Lui rendre l'existence et sereine et facile...

ROBERT.

C'est vrai.

DANIEL.

Ne commets pas un mensonge inutile,
Le chef des insurgés, c'est toi !...

ROBERT.

Tu le savais !

DANIEL.

Quant je t'ai réveillé, malheureux... tu rêvais.

ROBERT, *après un moment de silence, avec une agitation fébrile.*

Oui, ce chef inconnu qui dirige et commande
Depuis bientôt un mois les enfants de l'Irlande,
Le capitaine Rock, Daniel, oui, c'est moi !
Moi qui fais tout trembler, je tremble devant toi.
Je souffre.—Prends pitié de ma tête insensée...
Et ne m'accable point du poids de ta pensée...
Tout le monde à Dublin me méprise et me hait !
—Songe, pour accomplir mon immense projet,
Tout ce qu'il me fallait de force et de courage...
Cette nuit, j'ai vieilli du double de mon âge.
O tourment ! je sentais battre comme un marteau
Ce cœur qui refoulait le sang dans mon cerveau...
Un frisson douloureux parcourait tout mon être ;
Mon Dieu, combien l'aurore était lente à paraître !
A désirer le jour mon corps s'est épuisé ;
Maintenant, tu le vois, je suis faible, brisé,
De t'expliquer mon plan je n'ai pas l'énergie.—
Et si je te disais que l'amour de Jennie

Excitait ma pensée et conduisait mon bras
Dans cette lutte à mort... tu ne me croirais pas.
Maintenant, je me sens faible comme une femme ;
Ta sagesse a jeté le doute dans mon âme,
Ma tête a le vertige, et je tremble.—J'ai peur !
Je ne mérite pas de posséder son cœur.
Reprends, ô Daniel, ton trésor d'innocence :
Toi, qui dois triompher, garde la récompense !
Moi, je n'ai qu'à mourir !...

UN DOMESTIQUE, *annonçant.*

Milord, le vice-roi !

DANIEL.

Frère, je ne sais rien,—et Jennie est à toi.
Je t'aime, sois prudent.—Jusques à sa voiture
Je vais le recevoir.—Prends garde à ta figure...

(*Il sort.*)

SCÈNE VIII.

ROBERT, *seul.*—JENNIE, *dans le fond.*

ROBERT.

Il veut me rassurer ; mais, hélas ! c'est en vain.
Oh ! qui ranimera mon courage incertain ?...
Ce qu'a dit Daniel... me poursuit et me trouble !...
Le temps marche... avec lui ma souffrance redouble !
J'ai froid !—Un voile sombre obscurcit mon regard...
Pour arrêter l'élan, d'ailleurs, il est trop tard...
Saint-Patrick va bientôt sonner l'heure suprême :
Il faut agir !—Je dois obéir à moi-même.

Si je me suis trompé?—Qu'importe?—Il faut agir,
Je le dois...

JENNIE, *à part.*

Pauvre ami, comme tu dois souffrir !

ROBERT.

Après avoir tissé les fils de cette trame,
Mon cœur, las de plier sous un pouvoir infâme,
Pour venger le passé se sentait assez fort.
Dans ce cœur, maintenant, un immense remord
Se dresse menaçant, accusateur terrible ;
Que de sang va couler pour un but impossible !
Bourdonne, ô Saint-Patrick, ton long signal de deuil,
Le pilote a conduit la barque vers l'écueil !!

(*Il se laisse tomber avec désespoir dans un fauteuil.*)

JENNIE, *s'avançant.*

Réveille-toi !—Poursuis ton magnanime ouvrage,
Et dans ton propre cœur retrempe ton courage...
Oh ! je le savais bien qu'il était Irlandais !
Mais laisse-moi te voir !... Oui, je te reconnais ;
Oui, c'est toi que j'aimais,—maintenant je t'adore.
Je ne sais quelle ardeur m'agite, me dévore ;
Les dangers que tu cours font tressaillir mon cœur
D'un sentiment nouveau, plus grand que le bonheur...
Robert, je t'aime trop pour tenir à ta vie :
Succombe,—si ta mort doit sauver la patrie !

ROBERT.

Si j'ai tout entrepris, ô femme ! c'est qu'un jour
Vos beaux yeux sur les miens ont rayonné d'amour...
C'est qu'alors, vous trouvant et si pure et si belle :
Que faire, ai-je pensé, pour être digne d'elle?

Par quel noble travail mériter un tel prix ?
Une voix m'a crié : Délivre ton pays !
Que la cloche d'hymen, en rompant le silence,
Soit aussi le signal de notre indépendance !
Oui, si Dieu le permet, quand sonnera minuit,
Vers le but désiré se dirigeant sans bruit,
Heurtant contre le seuil sa palme triomphale,
Ton époux franchira la porte nuptiale !
JENNIE, *à son cou.*
Oh ! tu viendras !
ROBERT, *la pressant dans ses bras.*
     Merci, car c'est à ta beauté
Que l'Irlande demain devra sa liberté !

SCÈNE IX.

Les Mêmes, DANIEL, le Vice-Roi, MARTHE.

LE VICE-ROI.

A propos,—permettez que je vous complimente,
Votre voix, Daniel, est vraiment éloquente.
Votre début annonce un solide talent ;
Nous avons prononcé contre votre client,
Il est vrai, car, malgré toute votre logique,
La loi vous donne tort...
DANIEL.
     L'arrêt est sans réplique.
LE VICE-ROI.
Nous pensions bien d'abord que vous aviez raison,
Mais en lisant la loi nous avons vu que non.—

Voulez-vous réussir? Venez en Angleterre,
Mais à Dublin jamais vous ne pourrez rien faire...
Que diable, vous plaidez aussi pour un essaim
De malheureux paysans accablés par la faim,
Le beau profit!—

>> ROBERT, *s'avançant.*

>> Milord... voici ma fiancée.

>> LE VICE-ROI, *saluant.*

(*A Elford.*)

Madame!—Mon attente est vraiment surpassée;
Œil vif!... sourire fin!... et front intelligent...
De cette femme-là vous serez très-content,
Croyez-moi, votre sort sera digne d'envie...
Oh! je suis connaisseur en physionomie!

>> ROBERT.

Votre sagacité n'est jamais en défaut.

>> LE VICE-ROI.

C'est vrai! je ne puis voir quelqu'un sans aussitôt
Lire au fond de son cœur...

>> ROBERT.

>> Vous êtes très-habile...

>> LE VICE-ROI.

Tenez, Dublin paraît très-calme et fort tranquille,
Eh bien, je parierais, secrétaire, entre nous,
Que quelques tapageurs fermentent là-dessous.
Mais que l'émeute, enfin, au grand jour se déroule...
Mon geste suffira pour balayer la foule!

>> ROBERT.

Mais... pour croire cela quelles sont vos raisons?

LE VICE-ROI.

Aucunes,—jusqu'ici je n'ai que des soupçons.
Mais dans l'art d'observer, voyez-vous, je suis maître,
Tenez, voilà comment je viens de reconnaître
Qu'une rébellion pourrait bien éclater.
D'abord, chaque passant à l'air de méditer,
Son feutre sur les yeux, son manteau sur l'oreille,
Il rase les maisons plus vite que la veille.
Puis on voit les marchands sur leurs portes campés,
Blêmes comme la mort, tristes, préoccupés,
S'interrogeant tout bas d'une voix fort émue,
Plongeant un œil craintif au bout de chaque rue...
Les mères ont eu soin d'enfermer leurs enfants,
On ne voit plus dehors que chiens et mendiants.
Les ouvriers partout désertent leurs fabriques,
Les tavernes déjà regorgent de pratiques ;
Le gin coule à longs flots sur leur oisiveté,
Un silence de plomb règne sur la cité.—
Hum... je le sens, Elford, le temps est à l'orage !

ROBERT, *à part.*

Oh... comme le limier sait flairer le carnage.

LE VICE-ROI.

S'ils osent faire un pas, ces rebelles sujets,
Je serai sans pitié.—Les bataillons sont prêts,
Nous ferons de Dublin une prompte justice.
Il est bien temps, Elford, que tout cela finisse,
Et quant au chef caché des Irlandais-Unis,
Nous le tiendrons bientôt,—sa tête est mise à prix...
  (*Regardant Jennie.*)
Vous pâlissez ?

ELFORD.

Qui donc?

LE VICE-ROI.

Mais...

ELFORD.

Tu souffres, Jennie;
Qu'as-tu donc?

LE VICE-ROI.

Eh! parbleu! la demande est jolie!...
Ce qu'elle a...—mais vraiment je le devine, moi :
Son cœur, impatient de vous donner sa foi,
Attend... Et nous causons tous les trois, à notre aise...
Nous ne nous sommes pas conduits à la Française.
Pardonnez-moi, madame, et partons à l'instant.
De l'église, Robert, vous viendrez un moment
Au château.—Je suis bien désolé de suspendre
Une heure le bonheur d'une union si tendre;
Mais il faut au plus tôt prévenir le danger.

(*Ils sortent.*)

SCÈNE X.

MARTHE, *seule*.

Que le bon Saint-Patrick daigne nous protéger!
Bien, les voilà partis, et je ne suis pas prête.
Je ne sais pas comment je ne perds pas la tête...
Qu'ai-je fait de mes gants? Les chevaux vont bon train.
Moi, je n'ai pas voulu le dire, ce matin,
De crainte de troubler le cerveau de Jennie,

Cela finira mal... En proie à l'insomnie,
Cette nuit j'entendais un lamentable bruit ;
La banshée a pleuré pendant toute la nuit.—
Que le ciel de nos fronts écarte ce présage!...
Qu'ai-je fait de ma mante, à présent? Bon, j'enrage.
Plus on veut se presser, et plus on perd son temps...

SCÈNE XI.

MARTHE, GÉRALD.

GÉRALD.

Elford est-il rentré?

MARTHE, *distraite*.

Non ; ils sont tous absents...

GÉRALD.

Je dois lui faire part d'une affaire importante.

MARTHE.

Venez demain.—Où donc ai-je posé ma mante?

GÉRALD.

Non, tout de suite.—Où donc est-il en ce moment?

MARTHE.

Mais il est à l'église, à Saint-Patrick.

GÉRALD.

Comment?

MARTHE.

Vous ne savez donc pas, monsieur, qu'il se marie?

GÉRALD.

Vous vous trompez.

MARTHE.

Du tout. Il épouse Jennie.
Ils s'aiment bien, allez, ces deux pauvres enfants...

GÉRALD.

Enfer!...

MARTHE.

Qu'avez-vous donc?

GÉRALD.

Je te dis que tu mens!

MARTHE.

Qui? Moi, je mens! Le fait est-il donc incroyable...
Ce monsieur-là n'a pas un caractère aimable.

GÉRALD.

Oh! malheur!

MARTHE.

Un peu plus, il me brisait la main!
Le temps passe. J'ai peur d'arriver à la fin.
Pardon, Monsieur, je pars pour la cérémonie,
Attendez le retour d'Elford et de Jennie,
Et vous-même, témoin de leur félicité,
Vous ne douterez plus de ma sincérité!

(*Elle sort.*)

SCÈNE XII.

GÉRALD, *seul*.

Il l'épouse!... et c'est lui, c'est lui le chef suprême,
Lui qui commande à tous et qui ne peut lui-même
Pendant une heure encor commander à son cœur!—

—Esclaves du serment et soldats de l'honneur,
Nous devons obéir et mourir en silence,
Notre salut dépend de notre obéissance...
Mais quand le chef par qui tout devait aboutir
A la loi du devoir ne sait pas obéir,
Le commandement perd sa force et son prestige,
Chacun peut se dédire et nul serment n'oblige!—

(*Il s'est assis près de la table.—Ses yeux rencontrent les lettres.*)

Qu'est-ce donc?—je connais cette écriture—eh! oui

(*Il tire de sa poche la lettre que lui a remise Raynold au prologue et compare.*)

C'est bien la même, c'est... quel hasard inouï!

(*Lisant la seconde lettre sur la table.*)

Et ceci... mais alors...

(*Il plie convulsivement les deux lettres,—les garde dans sa main — et se lève*).

O démon de l'envie,
A moi!—je ne veux pas qu'il possède Jennie!—

(*Après avoir marché et réfléchi un peu*).

Oui,—sans trahir mon chef je perdrai mon rival...

(*Il s'élance vers la porte et se retourne avec un geste menaçant et un rire nerveux.*)

A nous deux!—Je t'attends à l'heure du signal!

(*Il sort, le rideau baissse.*)

FIN DU PREMIER ACTE.

ACTE DEUXIÈME.

Un carrefour de Dublin. — Plusieurs rues aboutissant de chaque côté. — Au fond, un peu à gauche, l'entrée d'une taverne, ayant pour enseigne : *A la Harpe d'Erinn, Taverne,* O'MANN, *Brasseur.*

SCÈNE Ire.

Les Mendiants, le Cynique, un Fermier, sa Femme et ses Enfants, *puis* DANIEL.

PREMIER MENDIANT.

Eh Dick, reconnais-tu ceux là ?

DEUXIÈME MENDIANT.

Qui donc ?

PREMIER MENDIANT.

Là-bas.

DEUXIÈME MENDIANT.

Ma foi non.

TROISIÈME MENDIANT.

Moi non plus.

PREMIER MENDIANT.

Je ne les connais pas ;
Pour sûr, ils ne sont pas du quartier.

DEUXIÈME MENDIANT.

Hé ! canaille...
Vous n'êtes pas ici chez vous,—que l'on s'en aill

TROISIÈME MENDIANT.
Nous sommes bien assez...
DEUXIÈME MENDIANT.
Restons chacun chez nous.
PREMIER MENDIANT.
A peine si l'on peut grapiller quelques sous...
TOUS.
Décampez ou sinon...
LE FERMIER.
Que voulez-vous qu'on fasse,
Si de tous les quartiers, de même l'on nous chasse..
DANIEL.
O pays misérable, où la mendicité
Même, est un privilége.
LE FERMIER, *à David*.
Hélas! la charité,
Le Middleman nous a chassés de notre ferme,
Nous étions en retard sur notre dernier terme...
Monsieur, j'ai cinq enfants..
DANIEL.
Tenez, prenez ceci,
Espérez, bonnes gens —
LE FERMIER.
Mon bon monsieur, merci...
PREMIER MENDIANT, *au fermier*.
Pour pouvoir mendier dans notre voisinage,
Il faut payer le gin aux anciens,—c'est l'usage!
(*Ils entrent dans la taverne.*)
DANIEL.
Où la corruption va-t-elle se nicher!

De la base au sommet mon œil a beau chercher,
Partout le pot-de-vin, partout le privilége.
(*Apercevant le cynique.*)
J'ai vu ce gaillard-là sur les bancs du collége...

LE CYNIQUE.

Ayez pitié de moi, monsieur, je meurs de faim,
Et je n'ai pas un sou pour acheter du pain...

DANIEL.

Mais comment se fait-il qu'avec un tel visage,
Tout vermeil de santé, dans la force de l'âge,
Vous ne puissiez gagner votre vie!

LE MENDIANT.

Et vraiment,
Je le gagne, monsieur.

DANIEL.

Vous la gagnez, comment,

LE CYNIQUE.

Monsieur, en m'exposant sans cesse
Au refus méprisant de l'oisive richesse...

DANIEL.

Au lieu de devenir un honnête artisan,
S'exposer au mépris... allons, convenez-en,
Vous êtes paresseux! —

LE CYNIQUE.

Qui, moi? par tous les diables
Non pas. Quant au mépris qu'ont pour moi mes semblables,
Je vous dirai, Monsieur, que je le leur rends bien;
Ils me montrent le leur — je leur cache le mien,
Je suis plus poli qu'eux, voilà tout. —

DANIEL.

Je m'étonne
Que sans infirmités vous demandiez l'aumône,
Et que vous excitiez quelque compassion?

LE CYNIQUE.

Veuillez me contempler avec attention,
Monsieur, — je ne suis pas un mendiant vulgaire.
Oui, je pourrais, selon l'habitude ordinaire
Être borgne, bossu, manchot, estropié,
Ramper en cul de jatte ou sauter sur un pié,
Me balafrer le front, m'ulcérer le visage
Et me rendre hideux pour gagner davantage.
Je l'ai même essayé, j'étais trop bon acteur,
Chacun se détournait en disant : quelle horreur !
Personne ne donnait; j'ai dit : changeons de thème,
Et je me porte bien maintenant par système. —
Je suis logique, allez? — C'est comme le travail,
Dans leurs taudis sans air, — où, comme un vil bétail
Ils s'en vont, sur la foi d'un tarif arbitraire
Pour prix de leur labeur récolter la misère. —
Non — mon opinion est de ne faire rien
Plutôt que d'envier l'existence d'un chien,
Et qu'il vaut mieux alors se faire chien soi-même.
Je le suis et je vois que c'est l'état suprême,
A moi l'indépendance! à moi l'oisiveté ! —
J'ai faim, j'ai soif, j'ai froid — mais j'ai la liberté ! —

DANIEL, *avec ironie.*

Bravo ! — Votre morale est vieille comme Athène —
Mais lorsque la faim parle... O mon fier Diogène,
Il faut tendre la main et c'est humiliant !

LE CYNIQUE.

Comme vous ravalez l'état de mendiant !
Dites-moi, s'il vous plaît, ce que font tous les hommes
Si ce n'est mendier?... Ah ! tout dépend des sommes,
La gloire et les honneurs aux gueux à millions,
Mais le pauvre affamé tout couvert de haillons,
Qui demande deux sous,—oh ! comme on le méprise.
Enfin, que voulez-vous, Monsieur, que je vous dise,
Si ce n'est, selon moi, que votre humanité
Tout entière est vouée à la mendicité... —
Examinons un peu — l'homme qui se marie
Pour avoir une dot, que fait-il, je vous prie?
Et le gouvernement, que fait-il, s'il vous plaît?
C'est un gros mendiant qui mendie un budget...
Lequel budget devient à son tour la pâture
D'affamés de tous rangs et de toute nature...
Et nos beaux élégants, empressés, langoureux,
Et transis à l'aspect d'une femme aux beaux yeux,
Que font-ils?—A leur tour, ils demandent l'aumône !
Et tous nos bons curés ? — Chaque cloche qui sonne
Est une voix qui dit pour eux, à tout venant :
Donnez, donnez, donnez, donnez-nous de l'argent !
Un orgueilleux mendie un titre qui le flatte,
Un évêque mendie un chapeau d'écarlate
Un député mendie un lambeau du pouvoir,
L'un un coup de chapeau, lautre un coup d'encensoir
Et tout auteur, penseur, poète ou chef d'école,
Du dernier gazetier mendier une parole !
Enfin, mon cher Monsieur, je n'en finirais pas
Si je voulais citer tous les gueux d'ici-bas !

Eh bien, de tous ces gueux je suis le plus honnête,
Et quand vous me donnez, vous payez une dette!

DANIEL.

Une dette, voilà du nouveau, sur ma foi...

LE CYNIQUE.

Le superflu du riche est ma fortune à moi...
Je suis dépossédé, j'étais propriétaire...

DANIEL.

Ah!

LE CYNIQUE.

J'ai reçu du Dieu qui féconda la terre
L'imprescriptible droit de manger quand j'ai faim!
Vous m'imposez des lois, vous me devez du pain,
Ou si je vole, alors votre justice humaine,
Ne saurait me punir.—Je prends dans mon domaine;
Comme vous je suis homme et mon titre est égal,
Et, fils d'Adam, je suis votre collatéral.

DANIEL.

Mon cher collatéral, bien loin d'être logique,
Vous n'êtes, à mes yeux, qu'un monstrueux cynique.
Le sol, comme l'argent, n'appartient qu'au labeur
Et l'oisif, quel qu'il soit n'est pour moi qu'un voleur;
Car tout homme, en naissant, passe avec sa patrie
Un contrat de travail dont rien ne le délie.
En deça du berceau le droit n'existe pas
Et l'homme n'a d'aïeux que sa tête et ses bras!
Mon argent m'appartient et cela je le prouve
En ne vous donnant rien...

(*Il sort.*)

LE CYNIQUE.

Si jamais je te trouve
Au bout de mon fusil...

SCÈNE II.

Le Cynique, les Mendiants, O'Mann, un Portefaix, des Hommes du peuple, Bourgeois, Marchands, *entrent, sortent, passent, s'arrêtent et causent avec animation.*

LE PORTEFAIX, *ayant un petit baril sur la tête, s'arrête à la porte de la taverne, et frappe avec force.*

O'MANN, *sortant.*

Hé! je ne suis pas sourd.

LE PORTEFAIX.

Aujourd'hui votre gin est horriblement lourd.
Je ne sais d'où ça vient, mais je suis tout en nage
Et j'étrangle de soif...

O'MANN.

Le temps est à l'orage.

LE PORTEFAIX.

Ça vous prend aux jarrets... Aidez-moi donc un peu.
Ouf!

O'MANN.

Ta pipe, imprudent!

LE PORTEFAIX.

Quoi donc?

O'MANN.

Prends garde au feu!

LE PORTEFAIX.
Que de soins aujourd'hui ! et depuis que j'apporte...
O'MANN.
Tais-toi ! — Mets ce baril à gauche de la porte.
LE PORTEFAIX.
Ce gin doit être bon, maître ; si j'en goûtais ?
O'MANN.
Non !... c'est une liqueur réservée aux Anglais.
Tiens, vois-tu... rien qu'un dé, cela vous désaltère
Pour toujours.
LE PORTEFAIX.
  Grand merci ! j'aime mieux de la bière,
Je tiens trop à ma soif. Je veux bien l'assoupir,
Mais la tuer, jamais ! j'aimerais mieux mourir...
Si l'on ne buvait pas, pourrait-on vivre esclave ?...
O'MANN.
Attends-moi là-dedans. —
(*Seul.*)
  Qui sait ? demain, mon brave,
Nous pourrons, relevant la tête avec fierté,
Savourer ce nectar qu'on nomme liberté ;
Car Dieu fit à la fois, sous son souffle de flamme,
Le vin pour l'estomac, la liberté pour l'âme ?

SCÈNE III.

Les Mêmes, GÉRALD.

GÉRALD.

C'est O'Mann.

RICHARD.
C'est chez lui le quartier-général.
GÉRALD.
Et les armes?
O'MANN.
Ma cave est tout un arsenal.
GÉRALD.
Enfin nous touchons donc à l'heure décisive? —
A la tête des siens, ce soir, Bagnal arrive,
Holt retient les Yeomen au fond de ses marais...
On vient d'apercevoir la flotte des Français ;
Dieu combat avec nous, sa bonté nous protége.
Obligé de lutter contre ce double siége,
Les Anglais ne pourront résister à vos coups...
Redoublons de prudence, et Dublin est à nous! —

SCÈNE IV.

LES MÊMES, UN TAMBOUR, UN CRIEUR.
(*Après un roulement.*)

LE CRIEUR, *lisant:*

Attendu qu'il existe dans ce royaume une conspiration de traîtres dont le but est le renversement de l'autorité de Sa Majesté et du Parlement:

Vu que cette conspiration s'est étendue d'une manière considérable, et qu'elle a même éclaté par des actes de violence et d'insurrection ouvertes;

Son Excellence le lord Vice-Roi, après avoir consulté son conseil privé;

Ordonne ce qui suit :

Les officiers commandant les forces de Sa Majesté en Irlande puniront, soit de mort, soit de toute autre manière qui leur paraîtra efficace, tout individu qui prendra part à la rebellion.

Ordonne en outre

A tous les sujets loyaux et paisibles, en vertu de leur allégeance, d'aider et d'assister les forces de Sa Majesté dans l'exercice de leur devoir, lesquelles ont ordre, en retour, d'accorder auxdits sujets protection pleine et entière contre les attentats qui pourraient être commis sur leurs personnes et leurs propriétés.

Fait en la chambre du conseil, au château de Dublin.

(*Le crieur sort.*)

SCÈNE V.

Le Mendiant, le Cynique, le Portefaix, Ouvriers, Bourgeois, O'Mann.

PREMIER BOURGEOIS.

Cela sent le gâchis !

DEUXIÈME BOURGEOIS.

La chose se complique...

PREMIER BOURGEOIS.

Hum ! je n'ai que le temps de fermer ma boutique ; Adieu voisin.

DEUXIÈME BOURGEOIS.

Bonjour.

PREMIER BOURGEOIS.

Prêterez-vous serment
Comme constable ?

DEUXIÈME BOURGEOIS.

Non. Que le gouvernement
S'arrange. — C'est à lui de se tirer d'affaire ;
Je suis marchand de drap, et non homme de guerre,
Je m'en vais me coucher...

PREMIER BOURGEOIS.

J'approuve ce moyen.

DEUXIÈME BOURGEOIS.

Au revoir.

PREMIER BOURGEOIS.

Bonne nuit.

(*Sort le deuxième bourgeois.*)

PREMIER BOURGEOIS, *à lui-même.*

Cela se trouve bien,
Demain devait écheoir cette lettre de change
Que je ne puis payer. — Tout ce bruit-là m'arrange ;
C'est une excuse, et puis on peut, à la rigueur,
Déposer son bilan en tout bien, tout honneur !

(*Il sort.*)

SCÈNE VI.

Le Mendiant, le Cynique, le Portefaix, Ouvriers.

LE PORTEFAIX, *sortant de la taverne et se frottant les mains.*
Hum! cela va chauffer...
PREMIER OUVRIER.
Comment... Que veux-tu dire?
LE PORTEFAIX.
Je sais ce que je sais, bientôt nous allons rire.
DEUXIÈME OUVRIER.
On va se battre?
LE PORTEFAIX.
Mais, j'en ai peur. — Mes amis,
Voulez-vous soutenir les Irlandais-Unis?
(*Les ouvriers se groupent autour du portefaix et semblent discuter avec animation.*)
LE CYNIQUE, *aux mendiants qu'il a attirés d'un côté du théâtre.*
Que demain les Anglais soient chassés de l'Irlande,
Notre misère à nous n'en sera pas moins grande;
Aujourd'hui mendiants et mendiants demain,
Méprisés des heureux, nous aurons toujours faim.
LES MENDIANTS.
C'est vrai.
LE CYNIQUE.
Croyez-moi donc, laissons aller les autres

A leurs affaires ; — nous, occupons-nous des nôtres.
LES MENDIANTS.
Il a raison.
LE CYNIQUE.
Eh bien, voulez-vous m'écouter ?
Me prenez-vous pour chef ?
LES MENDIANTS.
Oui.
LE CYNIQUE.
Nous pourrons tenter
Quelque bon coup.
LES MENDIANTS.
Oui ! oui !
LE CYNIQUE.
Levez vos nobles têtes,
Honorables amis, et sachez qui vous êtes !...
LES MENDIANTS.
Que veut-il dire ?
LE CYNIQUE.
Amis, si depuis cinq cents ans
Vous fatiguez le sol de vos pas indolents,
Si les bras inactifs croisés sur vos poitrines,
Vous parcourez pensifs les lacs et les collines,
C'est que vous êtes tous les fils, les descendants
Des sept rois détrônés par les Anglo-Normands.
Et quels sont-ils, ceux-là qui possèdent la terre ?
De vils aventuriers vomis par l'Angleterre,
Les valets d'Henri II, des Normands, des Gascons,
Gentillâtres manqués, sans fiefs et sans blasons,
Des mendiants de cour qui jouissent en maîtres
De nos champs, de nos bois, des biens de nos ancêtres !

LES MENDIANTS.

Écoutons!

LE CYNIQUE.

Mes amis, ne vous mêlez donc pas
Avec tous ces manants qui vivent de leurs bras;
Ces gens industrieux, par leur travail rapace,
Prouvent évidemment leur extraction basse;
Tandis que nous, amis, par notre oisiveté,
Nous tenons notre rang et notre dignité.
L'ignorance, l'orgueil, l'amour de la paresse,
Sont titres suffisants pour prouver la noblesse;
Nous avons tout cela, nous le ferons valoir...
Laissons ces manants-là, comme c'est leur devoir,
Se jeter en avant; nous sommes par la ville
Héritiers des sept rois, douze à quatorze mille.
Il faut nous tenir prêts, par de communs efforts,
A reprendre partout nos biens et nos trésors!

LE PORTEFAIX.

Illustres Majestés, ce manant vous invite
A daigner déguerpir de céans au plus vite,
Si vous ne voulez pas sentir un argument
Assez persuatif, et pas mal éloquent.

(*Il fait tournoyer son bâton.—Les mendiants se
sauvent*)

LE PORTEFAIX, *saisissant le cynique.*

Reste!

LE CYNIQUE.

Vous abusez de la force brutale....

LE PORTEFAIX, *avec ironie.*

Tu crois? J'en suis fâché; cette main rude et sale

Va t'apprendre comment, nous autres travailleurs,
Nous savons châtier les rois et les voleurs !
Vous avez beau crier, vous avez beau vous tordre,
Je vous mets à l'abri jusques à nouvel ordre...
Voyons, soyez gentil ; cette main-là, mon cher,
Vous briserait le bras comme un étau de fer !

(Il l'entraîne.)

SCÈNE VII.

GÉRALD, puis RAYNOLDS.

GÉRALD.

O torture de l'âme, ardente jalousie !
Implacable désir dont mon âme est saisie,
Où me conduisez-vous ? J'ai déjà, ce matin,
Essayé de verser le sinistre venin
Dans le cœur de Raynolds ; cette tête insensée
Achèvera bientôt une œuvre commencée.
C'est lui !

RAYNOLDS.

Bonjour, Gérald.

GÉRALD.

Raynolds, mon brave ami,
As-tu bien reposé ?

RAYNOLDS.

Non, non.. j'ai mal dormi...
Te le dirai-je, enfin ? Je rêvais à ma femme,
A mon fils...

GÉRALD.

A ton fils?

RAYNOLDS.

Le trouble est dans mon âme,
Ma raison s'obscurcit, je cherche et ne peux plus
Rassembler les détails de ce songe confus!

GÉRALD.

A la réalité ce songe fera place,
Tu reverras ton fils...

RAYNOLDS.

Ciel!

GÉRALD.

Je suis sur sa trace.

RAYNOLDS.

Sur sa trace, dis-tu? Parle, as-tu découvert
Quelqu'indice?—Oh! mon Dieu, tu sais si j'ai souffert,
Tu ne permettras pas qu'un homme puisse dire
Cela, pour se jouer de ma tête en délire
Tu dis vrai, n'est-ce pas?—Parle, comment sais-tu?
Comment peux-tu savoir qu'il me sera rendu?

GÉRALD.

J'ai tort de t'en parler; l'heure est inopportune...
Le signal va sonner; à la cause commune
Nous devons aujourd'hui vouer tous nos efforts;
Demain, si nul de nous n'est au nombre des morts...

RAYNOLDS.

Et tu me laisserais dans cette incertitude?
Tu ne le feras pas, car dans la multitude
De combattants armés, d'amis ou d'ennemis,
Morts ou vivants,—partout,—je croirai voir mon fils!

Oh! parle, prends pitié, Gérald, d'un pauvre père,
Dont le cœur est brisé, dont la raison s'altère...

GÉRALD.

Raynolds, reconnais-tu cette écriture? Vois!

RAYNOLDS.

Cette écriture! O ciel! c'est celle qu'autrefois...

GÉRALD.

Lis.

RAYNOLDS, *lisant*.

Votre famille sait que vous aimez et que vous êtes aimé de miss Jennie Forster, pupille de l'avocat Daniel. — Si vous pensez que ce mariage puisse faire votre bonheur, votre noble père me charge de vous dire qu'il ne refusera pas bien certainement son consentement, préférant une mésalliance au malheur de son fils.

JOHN WILLIAM, *intendant*.

A qui cette lettre était-elle adressée ?

GÉRALD.

Tu ne comprends donc pas? Réveille ta pensée.

RAYNOLDS.

John William, intendant...

GÉRALD.

Réfléchis; devait-on
Laisser à ton enfant une fortune, un nom?

RAYNOLDS.

Sans doute.

GÉRALD.

Eh bien, s'ils ont tenu cette promesse

Alors, c'est à ton fils que la lettre s'adresse.

RAYNOLDS.

A mon fils...

GÉRALD.

Nous avons des exemples nombreux
De faits pareils. —On prend le fils d'un malheureux
Pour faire un héritier.—L'aventure est commune;
Souvent, par ce moyen, on sauve une fortune.

RAYNOLDS.

C'est cela, je comprends.

GÉRALD.

Et penses-tu, d'abord,
Si ce jeune homme était vraiment le fils d'un lord,
Car, sans nul doute, c'est quelque grand personnage,
Et tu connais l'orgueil des gens de ce parage,
Penses-tu qu'ils auraient ainsi facilement
Permis cette union, s'il était de leur sang?

RAYNOLDS.

Oui, oui, c'est bien mon fils, Gérald, la chose est sûre;
Puis cette lettre est bien de la même écriture;
Je l'aurais reconnue entre mille.—Courons !

GÉRALD.

Où donc!

RAYNOLDS

Chercher mon fils!

GÉRALD.

Est-tu fou? demeurons
Il n'est plus à Dublin, d'ailleurs; la mort dans l'âme,
Il est parti, laissant pour adieux à la femme
Qu'il devait épouser, ce billet ; ses sanglots
Et ses pleurs en ont presque effacé tous les mots.

Adieu, Jennie, et pour toujours, car vous allez appartenir à un autre.— Je pars, je quitte Dublin; je ne veux pas être témoin de votre union; la jalousie me ferait peut-être haïr un homme que j'aime, et l'amour ferait naître à mon cœur un espoir que je dois étouffer dès sa naissance.—Adieu, Jennie, et pour toujours; je vous estime trop pour rester près de vous.

Celui que vous aimez.

RAYNOLDS, *prenant la lettre.*
C'est écrit de sa main, comme elle était tremblante!
Ces lignes sont l'écho de son âme souffrante.
A leur aspect je sens, vers ce cœur paternel,
Tout mon sang refluer. Je veux voir Daniel.
Tout le monde connaît son noble caractère,
Et le cœur d'un tuteur doit être un cœur de père.
Jennie aime mon fils... il doit avoir égard...
Je vais... je lui dirai...

GÉRALD.

Pauvre homme, il est trop tard.
Le rival de ton fils est l'époux de Jennie,
Je viens d'être témoin de la cérémonie...
De l'église, à l'instant, elle vient de sortir
Pâle, les yeux mouillés et prête à défaillir.
Hélas! elle a subi ce fatal hyménée,
Ainsi qu'une victime au trépas amenée;
Sa vieille gouvernante accompagnait ses pas;
J'étais tout près. « Ah! Marthe, a-t-elle dit tout bas.
Il en mourra, pour sûr. » Et puis, comme en délire,

« Brûle-les, ces billets que je ne dois plus lire
Ni mouiller de mes pleurs, sans commettre un péché. »
Un splendide équipage alors s'est approché ;
Tous montèrent dedans ; au moment où la roue
S'ébranlait, j'aperçus ces papiers dans la boue.

RAYNOLDS.

Le nom de ce rival ?

GÉRALD.

Non.—Songe à ton serment.
Demain, tu sauras tout.

RAYNOLDS.

Tout de suite, à l'instant,
Le nom de ce rival. S'il possède Jennie,
Mon fils mourra, Gérald, il y va de sa vie.
Son nom ; dis-moi son nom.

GÉRALD.

Tu ne le sauras pas.

RAYNOLDS.

Au nom de l'amitié, Gérald, tu le diras.

GÉRALD.

Au nom de mon pays, Raynolds, je dois le taire...

RAYNOLDS.

Alors, pourquoi m'avoir révélé ce mystère ?

GÉRALD.

Songe à l'Irlande, ami.—Je vois le chef venir,
Sois calme ; quel qu'il soit, tu lui dois obéir.

RAYNOLDS.

Mais alors, ce rival, c'est lui ?

GÉRALD.

Non, non. Silence !

RAYNOLDS.

Ah ! c'est lui, j'en suis sûr...

GÉRALD.

Tais-toi ; quelle imprudence !

SCÈNE VIII.

GÉRALD, RAYNOLDS, O'MANN, RICHARD,
Personnages muets, *puis* ELFORD.

ELFORD.

Les forces des Anglais s'assemblent sur le port ;
L'escadre de Humbert arrive.—Ce renfort
D'armes et de soldats à pleine voile avance,
Le vice-roi devra diviser sa défense. —
Courez à Saint-Patrick, et que son glas fatal
Aux Irlandais-Unis donne enfin le signal...
Chaque chef a son ordre, et toutes nos brigades
Vont agir à la fois. A l'œuvre, camarades !
Dieu combat avec nous. O'Mann, portez d'un bond
Cet ordre à Fitzgérald, chez maître Olivier Bond.
Que tout le comité demeure en permanence,
J'irai le présider dans une heure.—J'y pense :
Emmet doit assiéger le château,—va, Richard,
Et dis-lui d'attaquer hardiment, sans retard.

(*Apercevant Raynolds.*)

Cet homme, quel est-il ?

GÉRALD, *à demi-voix à Robert.*

Un frère de Kildare,

Un envoyé de Hold.—C'est un être bizarre,
Mais brave et dévoué jusqu'à la mort.

ELFORD.

Son nom?

GÉRALD.

Raynolds.—Il a prêté serment sous mes yeux.

ROBERT.

Bon.

(*Il prend ses tablettes et écrit un ordre.*)

GÉRALD, *bas à Raynolds.*

Obéis à ton chef, tu le dois.

(*Il sort.*)

RAYNOLDS.

Que m'importe?
Je veux sauver mon fils... Oh! ma haine l'emporte!

SCÈNE IX.

ELFORD, RAYNOLDS.

ELFORD.

Holt doit accélérer sa marche sur Dublin.—
Vite à cheval, Raynolds, et prenez le chemin
Du camp d'Allen, sans perdre une heure, une minute,
De cet ordre dépend le succès de la lutte...

RAYNOLDS, *le regardant fixement.*

Le rival de mon fils!

ELFORD

C'est le moment d'agir...

Dois-je vous ordonner, Raynolds, de m'obéir?

RAYNOLDS, *comme à lui-même.*

Soixante ans ont passé sur ma tête blanchie,
Douze fois de mon sang l'Irlande fut rougie.
J'ai perdu tous les miens, les uns sur l'échafaud,
Les autres...

(*On entend le tocsin.*)

ELFORD.

Écoutez, l'heure passe, il le faut;
Cet ordre au chef d'Allen. Raynolds je t'en supplie,
Au nom de ton serment, au nom de ta patrie.

RAYNOLDS.

Ce mot sort de ta bouche et non pas de ton cœur...
Et je vois le tyran sous le conspirateur...

ELFORD.

Dans un pareil moment une pareille offense!
C'est de la trahison ou bien de la démence...
— Ecoutez,—la révolte éclate...

RAYNOLDS.

L'éclair luit.

ELFORD.

L'heure presse...

RAYNOLDS.

Et là haut la foudre retentit...
Exhale, ô Dieu puissant, ta terrible colère,
C'est l'heure où repoussant son épouse, sa mère,
Ses enfants éplorés, l'homme devient lion,
Et se donne en pâture à la rébellion!

ELFORD.

Votre raison s'égare...

RAYNOLDS.

     Allons, courbez vos têtes,
Avancez et mourez... pauvres fous que vous êtes.—
Allons,—réalisez,—stupides instruments,
Le rêve ambitieux d'un cerveau de vingt ans.
Et lorsqu'aura sonné l'heure de la victoire,
Pour vous sera l'oubli,—pour lui sera la gloire,

ELFORD.

Je n'ai que faire ici de traîtres et de fous,
Le capitaine Rock se passera de vous.
Je puis vous délier d'un serment qui vous pèse,
Vous êtes libre, allez, soyez lâche à votre aise !

RAYNOLDS.

Moi, lâche... moi, Raynolds !... ah ! cet indigne affront
Dont tu veux m'accabler rejaillit sur ton front...

ELFORD.

Retire-toi, Raynolds...

RAYNOLDS.

     Transfuge sans courage,
D'un masque de héros tu couvres ton visage...
Lâche envers une femme et traître à l'amitié,
Nul dévouement ne bat dans ton cœur sans pitié...
D'un homme tel que toi que veux-tu qu'on attende,
Tu trahis ton ami, tu trahiras l'Irlande.

ELFORD, *froidement*.

Écoute,—je n'ai pas le droit de m'émouvoir,
Je ne m'appartiens pas, je suis à mon devoir !
Pour me défendre contre une attaque aussi folle,
Je ne chercherai pas une seule parole...
Mais si notre parti, Raynolds, est triomphant,

Si demain le soleil me trouve encore vivant,
A la place d'un chef insensible à l'injure,
Tu trouveras un homme alors, je te le jure !

RAYNOLDS.

Défends-toi... défends-toi !

ELFORD.

Je vous l'ai dit, demain.

RAYNOLDS.

Depuis une heure, Elford, tu possèdes la main
De Jennie... est-ce vrai ?—

ELFORD.

C'est vrai,—que vous importe?

(*Il va pour entrer dans la taverne.*)

Tu ne franchiras pas le seuil de cette porte,—
Tu vas mourir.—

ELFORD.

Eh bien, vieillard, malheur à toi...

RAYNOLDS.

Enfin !

(*A part.*)

C'est pour mon fils, mon Dieu, protège-moi?

SCÈNE X.

ELFORD, RAYNOLDS, O'MANN, *puis* RICHARD.

O'MANN.

Commandant, les Anglais reviennent de la côte;
Un coup de vent terrible a dispersé la flotte,

Humbert ne pourra pas aborder à Dublin...

RICHARD.

Déjà, de toutes parts, nous perdons du terrain...

UN AUTRE.

Nous sommes refoulés !

O'MANN.

Ah ! maudite tempête !

ELFORD.

Il faut organiser une habile retraite.

RICHARD.

La ville est libre encor vers l'ouest et vers le nord.

ELFORD.

Eh bien, replions-nous en masse sur Wexford :
Mes amis, du sang-froid, que nul ne désespère,
Nous aurons notre tour ; ce qu'il convient de faire,
Venez, vous le saurez au sein du Comité,
Chez maître Olivier Bond.

O'MANN.

Passons de ce côté.

RAYNOLDS, *poursuivant Elford jusque sur le seuil de la taverne, d'une voix concentrée.*

Jeune homme, je te hais !

ELFORD, *se retournant.*

Moi, je plains ta folie.
Raynolds, rentre en toi-même et songe à ta patrie !

SCÈNE XI.

RAYNOLDS *seul*, *puis* UN OFFICIER ANGLAIS, SOLDATS.

RAYNOLDS.
Il m'échappe! Malheur! Mon fils! mon pauvre enfant,
Que vas-tu devenir? Que fait-il, maintenant?
Où le trouver? — Au moins, si Gérald... O délire!
Si je voyais Jennie, elle pourrait me dire...
Je veux la voir! Il faut... Voici déjà la nuit,
Et Gérald ne vient pas! — Pourquoi donc tout ce bruit?

DES SOLDATS, *s'élançant sur Raynolds.*
Ah! nous en tenons un...

L'OFFICIER.
A genoux, misérable!

LES SOLDATS.
Il faut le fusiller!

RAYNOLDS.
Je ne suis pas coupable...
Pourquoi m'arrêtez-vous?

L'OFFICIER.
O l'infâme coquin
Est armé jusqu'aux dents et l'épée à la main,
Il se dit innocent!

UN SOLDAT.
C'est de l'effronterie!...

TOUS.
A genoux!

L'OFFICIER.

Arrêtez! — Tu peux sauver ta vie.

RAYNOLDS.

Comment?

L'OFFICIER.

En me livrant le chef des insurgés.

RAYNOLDS.

Jamais

L'OFFICIER.

Soldats du roi, vos fusils sont chargés...

RAYNOLDS.

Attendez! *(A part.)*
O mon fils! — Je puis à l'instant même
Vous livrer d'un seul coup le comité suprême, —
      (A part.)   [toi.
Quoi! trahir mon serment? Oh! mon fils, c'est pour
Chez maître Olivier Bond — par ici — suivez-moi...
        (Ils sortent.)

SCÈNE XII.

GÉRALD, *blessé mortellement, puis* UN INCONNU.

GÉRALD.

Ils ne m'ont pas manqué!... J'étouffe. Dieu me frappe
Et me punit. Raynolds! Ah! tout mon sang s'échappe.
Je voudrais voir Raynolds... Je veux auparavant
Réparer, si je puis, tout le mal... — O tourment!
Je me meurs, au secours!...

L'INCONNU, *s'approchant.*

Ce malheureux chancelle...
(*Il le soutient*)

GÉRALD.

Tout secours serait vain, ma blessure est mortelle !
Ecoute... au nom du ciel... déjà je sens mes yeux
S'obscurcir ! Dieu vengeur ! le temps est précieux.
Prenez tous ces papiers... il faudra les remettre
De la part de Gérald... ils feront reconnaître...
Vous lui direz...

L'INCONNU.

A qui ?

GÉRALD.

C'est un père... O remord !...
Il s'appelle...

L'INCONNU.

Comment ?...

GÉRALD.

Je ne puis...
(*Il expire.*)

L'INCONNU.

Il est mort !
— Héritiers de Caïn, voilà ce que nous sommes.
Quand mériterons-nous enfin le titre d'hommes !
Et quoi... toujours la haine et toujours les combats...
O combien à l'aspect de nos tristes débats
Le Seigneur doit gémir. — Coupables et victimes
Prions-le, son amour est plus grand que nos crimes !

FIN DU DEUXIÈME ACTE.

ACTE TROISIÈME.

La salle d'audience des assises de Dublin.

Le Président, le Vice-Roi, l'Attorney-Général, Lord MORBURY, cinq juges, douze jurés, accusé, Robert ELFORD, défenseur, DANIEL. — (*Tribune particulière. — On aperçoit* JENNIE *et* MARTHE *dans la foule.* — (*Au lever du rideau,* l'Attorney-Général *est debout.*)

SCÈNE Ire.

L'ATTORNEY-GÉNÉRAL.
Magistrats de Dublin, honorables jurés,
Déjà, depuis cinq jours, quatorze conjurés
Ont paru devant vous ; — un verdict exemplaire
A produit dans la ville un effroi salutaire...
L'ordre règne. C'est bien, mais ce n'est pas assez ;
Nous savons aujourd'hui leurs projets insensés,
Et connaissant leur plan, leur but, leur origine,
Nous faucherons le mal jusque dans sa racine !
Remercions Raynolds, le sauveur de l'Etat....

DANIEL.
Un dénonciateur, un lâche renégat !

LE VICE-ROI.
Rien de cela n'existe en ces lieux ; la justice
N'admet que des témoins.

(*A l'attorney.*)
Poursuivez votre office !

L'ATTORNEY GÉNÉRAL.

Partout, dans les comtés, la loi martiale agit ;
Vous, jurés de Dublin, condamnez sans répit.
Tenons sous la terreur l'Irlande tout entière,
Et nous aurons la paix.

DANIEL.

La paix du cimetière !

LE VICE-ROI.

Vous reconnaissez mal nos bontés, Daniel ;
Vous êtes avocat papiste ; comme tel,
Si nous vous tolérons...

DANIEL.

Pardon, Son Excellence
Se trompe assurément d'époque, — qu'elle y pense,
Il s'éloigne à grands pas, ce temps où nous étions
Des êtres hors la loi pour vous, nobles Saxons !
Vous vouliez extirper notre maudite race,
Et vous veniez chez nous comme on vient à la chasse ;
Les têtes d'Irlandais vous rapportaient beaucoup,
Quoiqu'on les payât moins que les têtes de loup !
Vous aviez beau tuer, vous aviez beau détruire,
La femelle irlandaise est si prompte à produire,
Son flanc est si fécond, que vous avez eu peur
Qu'à la fin le gibier ne chassât le chasseur !
Mais, comme avec le temps tout se transforme et chan- [ge,
Nous sommes devenus des hommes C'est étrange !
Et nous pouvons plaider dans l'enceinte des lois ;
Et ces murs étonnés, pour la première fois

S'émeuvent aux accents d'un avocat papiste ;
Pour votre cœur anglais, je le conçois, c'est triste !
Mais ne prétendez pas m'empêcher de parler ;
J'ai mon droit, nul ici ne me fera trembler ;
Eussé-je devant moi tous les pairs d'Angleterre,
Ma voix retentira plus fort que le tonnerre !
Me taire !... comprimez la lave d'un volcan,
Enchaînez le soleil, contenez l'Océan !
M'empêcher de parler ! Mais ce serait démence :
Mylord, j'ai sur le cœur six cents ans de silence !

LE VICE-ROI.

Est-ce tout ?

DANIEL.

Pour l'instant, mylord.

LE VICE-ROI.

C'est fort heureux !
Faites entrer Raynolds.

(*Murmures et chuchottements.*)

JENNIE, *dans l'auditoire.*

Marthe, je sens mes yeux
S'obscurcir ; soutiens-moi.

LE VICE-ROI.

J'invite l'auditoire
A garder le silence.

(*A Raynolds.*)

Entrez dans le prétoire.

DANIEL.

Nul dénonciateur n'existe, avez-vous dit ?
Mais n'avez-vous point vu paraître le maudit ?
Avez-vous remarqué, comme une mer vivante,

La foule, à son aspect, refluer d'épouvante?
Il s'avance; voici le dénonciateur,
De l'œuvre du bourreau sinistre précurseur.
Il s'avance, suant le parjure et le crime,
Et déjà son regard a frappé sa victime!...
Le dénonciateur, le voyez-vous, mylord?
Son souffle empeste l'air, sa voix donne la mort;
Une mort sans espoir, sans appui, sans défense;
Il vient peser son doigt de plomb dans la balance!
Ah! l'on a vu tuer par le feu, par le fer,
Par des poisons subtils aussi prompts que l'éclair;
Mais je vois en ces lieux un immense reptile
Prêt à donner la mort par le saint Évangile!
Ah! si vous m'en croyez, vous retiendrez son bras;
Si vous êtes chrétiens, vous ne laisserez pas
Le contact ténébreux de cette main impure
Polluer la splendeur de la sainte Écriture!
Vous ne permettrez pas qu'un Irlandais félon
Vienne couvrir de sang ce livre de pardon.
S'il faut absolument qu'il achève sa tâche,
Ce dénonciateur, qu'il jure sur la hache!

LE VICE-ROI.

Voyez, le peuple seul vous applaudit; son goût
Prouve en votre faveur.

DANIEL.

Mylord, le peuple est tout!
—Merci pour vos bravos, mon cœur les apprécie.

L'AUDITOIRE.

Hourrah pour Daniel!

DANIEL.

— Irlande, ma patrie!
Ile sainte! ô ma belle émeraude des mers,
Quand pourrai-je te voir briser tes derniers fers
Et chanter nos martyrs sur ta harpe héroïque?
Et tes enfants heureux fouler le sol antique,
Et libres dans leurs champs, tant de fois usurpés,
Lever vers l'Éternel leurs bras émancipés!

L'ATTORNEY GÉNÉRAL.

Je ne puis tolérer une telle licence,
Monsieur; vous abusez des droits de la défense.
Si vous persévérez à plaider sur ce ton,
Je requiers contre vous l'amende et la prison!

DANIEL.

Quand le vautour étend ses serres dégouttantes
Sur les pâles débris des nations mourantes,
Les accusés n'ont plus qu'à se voiler les yeux,
Et livrer à la mort leurs corps silencieux!
Mylord se souvient-il de l'homme de la fable,
Qui, fouillant un fumier au milieu d'une étable,
Trouva dans ce fumier la couronne d'un roi!
Saisi d'un saint respect, cet homme plein de foi
Courba le front devant ce symbole suprême;
En vous je vois la loi.

(*S'inclinant.*)

Mylord, je fais de même.

L'ATTORNEY.

Ah! que dites-vous là? Vrai, je n'y comprends rien;
Veuillez vous expliquer.

DANIEL.

Mylord, je le veux bien.
Évitons, s'il se peut, tout sujet de méprise :
Juge, je vous respecte ; homme, je vous méprise !
Voilà ce que j'ai dit.

LE VICE-ROI.

La cour appréciera.
Raynolds, désignez-nous l'accusé.

RAYNOLDS.

Le voilà !

LE VICE-ROI.

Vous le reconnaissez ?

RAYNOLDS, *appercevant Jennie.*

Oui. — Que vois-je ?... C'est elle !
Quel désespoir profond !

LE VICE-ROI.

Ainsi c'est un rebelle,
C'est le chef du complot des Irlandais-Unis ?
Le capitaine Rock !

RAYNOLDS.

Elle pleure... O mon fils !

LE VICE-ROI.

C'est bien... Et maintenant, approchez de la table.
Sur l'Évangile ouvert, jurez !

ELFORD.

Le misérable !

LE VICE-ROI.

Si vous avez-dit vrai, faites-en le serment...

JENNIE.

Il hésite !

DANIEL, *avec feu.*

Tiens, lis, Raynolds; c'est le moment
Où Judas, pour de l'or, trahit son divin maître;
Un opprobe éternel a pesé sur le traître !

LE VICE-ROI.

Constables, arrêtez l'avocat Daniel...

DANIEL.

L'éclair luit... et la foudre a sillonné le ciel.
Prends garde, l'Eternel est prompt dans sa veangeance.

ELFORD, *se levant.*

Garde pour d'autres temps ta sublime éloquence,
Tes efforts seraient vains ! — Quant à toi, renégat,
De mes derniers instants ne ternis pas l'éclat...
De tout ce que j'ai fait, je saurai rendre compte;
Laisse-moi dans ma gloire et rentre dans ta honte !
Mylord, je suis le chef de la rébellion,
J'ai voulu museler le léopard breton;
Et l'œuvre est tellement conçue et bien ourdie,
Qu'elle fatiguera votre vaine furie...
Vous pensez tout tenir en me tenant, — eh bien,
Un autre a pris ma place, et vous ne tenez rien...
Le capitaine Rock, c'est l'éternel génie,
L'ennemi permanent de votre tyrannie,
Le Protée immortel que l'on ne peut saisir,
Qui rampe, marche, vole et ne saurait mourir.
Peut-être est-il assis près du siège où vous êtes;
C'est le monstre aux cents bras, c'est l'hydre aux mille têtes.
— Vous pâlissez, mylord ? — Prononcez mon arrêt,
Je vous lègue la peur en mantant au gibet !...

LE VICE-ROI.

La peur est passagère, et la honte éternelle.
Elford, si vous n'étiez qu'un vulgaire rebelle,
Nous vous eussions laissé drapé, dans votre orgueil,
Emporter dans la tombe et l'estime et le deuil ;
Mais c'est pour nous un fait authentique et notoire,
Que vous avez vendu l'Irlande au Directoire...
Vous pâlissez, je crois ?

ELFORD.

Bien joué, monseigneur,
La riposte est habile : elle vise l'honneur.
— Irlandais, j'en appelle à votre conscience,
Vous ne le croyez pas ?

LE VICE-ROI.

Ecoutez : leur silence
Vous condamne.

ELFORD.

Qui? moi, moi! moi!! j'aurais vendu
Ma patrie ! — Irlandais, vous ne l'avez pas cru ?

JENNIE, *avec force.*

Non... Non... cela n'est pas ?

LE VICE-ROI.

Emmenez cette femme !

ELFORD, *avec douleur.*

Elle était là !

JENNIE, *entraînée pas les constables.*

J'étouffe !

ELFORD.

Ah mylord, c'est infâme,
C'est abject, c'est anglais ! — Non, je ne croyais pas

Qu'on pourrait de la sorte avilir mon trépas.
Quoi !... les libérateurs des Etats d'Amérique,
Des cœurs français m'offraient un appui sympathique
Et pour ne pas avoir repoussé cet appui,
L'on vient me souffleter d'un soupçon inouï !
Ah ! par delà les mers, que ne peut-tu m'entendre,
Washington ? Ton grand cœur pourrait seul me com-
[prendre !
Oui, pour mieux vous trahir, mylord, je vous servais.
J'ai surpris tous vos plans, mieux que je vous connais
Dans ses moindres replis votre pensée intime...
Et vous devez juger combien je vous estime.
Si je voulais du doigt soulever leur blason
Quelle fétide odeur de lâche trahison
S'exhalerait alors de leur sein britannique !
Vous une nation, — fi donc ! une boutique !
Un comptoir d'anarchie, un bazar éhonté...
Comme ils sont orgueilleux de leur impunité
Ces écumeurs de mer ! — Et leur philanthropie,
Nous savons ce qu'elle est !—Eh bien, moi, je vous crie :
Rendez l'Irlande heureuse et vous aurez alors
Un peuple de héros pour défendre vos bords.
Car un temps doit venir, où par toute la terre
On criera : Détruisons l'orgueilleuse Angleterre...
Et, liant au passé votre malheur prochain,
Les yeux du voyageur chercheront, mais en vain,
Sur les bords désolés de la brumeuse plage,
La place où se vautra la moderne Carthage !

LE VICE-ROI.

Nous avons écouté jusqu'au bout, — et je crois

Que messieurs les jurés peuvent aller aux voix.
(*Un silence.*)

— Accusé, le jury d'une voix unanime
Vous déclare coupable et convaincu du crime
De haute trahison ; — ainsi, Robert Elford,
Avant qu'il soit par nous statué sur le sort
Qui vous est réservé, — la loi vous autorise
A dire quelques mots.

ROBERT ELFORD.

Que faut-il que je dise
Qui puisse prévaloir contre l'éclair joyeux
De mon arrêt de mort que je lis dans vos yeux ?

LE VICE-ROI.

Vous ne comprenez pas, et vous pourriez, je pense,
Par des aveux complets mériter la clémence...

ROBERT ELFORD.

Mon sang n'est point glacé par la peur de la mort,
Je le sens circuler ; librement, sans effort,
Mon cœur bat, dédaigneux de vos menaces vaines,
Et la vie est encor tout entière en mes veines !
Ah ! lorsque vous vouliez tout à l'heure avilir.
Ma pensée et mon but, — ce cœur a pu bondir !
Mais lorsque je m'apprête à quitter cette terre,
Je vous vois si petit que toute ma colère
S'efface et disparaît devant votre néant !...
Monseigneur, pouvez-vous m'atteindre, maintenant?
— Frères ! j'avais vingt ans, un nom et l'opulence,
Un ami qui m'aimait jusques à l'imprudence,
Une femme, un beau lys au parfum virginal
Qui se penche et se meurt sur le seuil nuptial,

O pauvre cœur brisé, ma chaste fiancée,
A toi ma seule larme et toute ma pensée! —
— Et j'ai donné cela pour votre liberté...
Et pas un seul de vous, pas un — n'a protesté
Lorsque l'on m'accusait d'avoir vendu l'Irlance...
C'est bien, — je dois mourir. —

                    Tout ce que je demande
C'est un coin ignoré pour être enseveli;
Qu'on fasse à mon tombeau l'aumône de l'oubli...
Que nulle inscription ne rappelle ou retrace
Celui qui fut Elford : que sa mémoire passe
Comme le souvenir d'un songe évanoui
Qui s'éteint sans laisser de vestige après lui. —
Car, puisqu'aucun de vous n'a compris ma pensée,
Je veux que ma dépouille ainsi soit délaissée,
Sans croix, sans nom, sans rien jusqu'au jour à venir
Où sur ceux qui sont morts l'on n'ose plus mentir,
Au jour où tout se sait, au grand jour où l'histoire
Doit réhabiliter ma vie et ma mémoire! —

FIN DU TROISIÈME ACTE.

ACTE QUATRIÈME.

Une place publique. — Une taverne à gauche, les murs de la prison à droite, au fond le fleuve le Liffey.

SCÈNE Ire.

MARTHE, JENNIE.

MARTHE.
Madame, la nuit vient, et nous marchons ainsi
Depuis une heure au moins...

JENNIE, *sans l'écouter.*
　　　　　　　　Oui, ce doit être ici...
C'est ici.

MARTHE.
　　Mais un mot, un seul mot, je vous prie.

JENNIE.
Que voulez-vous? C'est toi, mais tu m'as donc suivie?
Comment se fait-il donc?

MARTHE.
　　　　　　　Comme elle doit souffrir !

JENNIE.
Ma bouche exhale-t-elle une plainte, un soupir?
Mes yeux ont-ils des pleurs? Non, la triste Jennie
Est morte. — Vers Elford son âme s'est enfuie,
Elle veille attentive au chevet de son cœur;
Et si je garde encor un reste de chaleur,

Si tu me vois marcher malgré mon âme absente,
C'est qu'une volonté forte et toute puissante
Me guide et me soutient.

MARTHE.

Et vous voulez...

JENNIE.

Plus bas !
Plus bas, Marthe, je veux l'arracher au trépas,
Ou bien tu me verras, comme une masse inerte,
Tomber morte à tes pieds ; ne pleure pas ma perte,
Car l'heure nuptiale aura sonné pour nous !

MARTHE.

O mon Dieu ! sa raison...

JENNIE.

La raison, dites-vous ?
Quand des fous généreux s'offrent en sacrifice,
C'est la froide raison qui dresse leur supplice !
La raison !... Loin de moi l'égoïste raison !
(*Au tavernier qui se montre sur le seuil de sa porte.*)
Mon ami, dites-moi : n'est-ce pas la prison ?

(*Le tavernier fait un signe affirmatif.*)

Je te le disais bien. C'est là, là qu'il respire ;
Mon univers est là ; ce mur, ce mur m'attire.
Vieux remparts de granit, lourdes portes d'airain,
Puissiez-vous, sous l'ardeur brûlante de mon sein,
Vous fondre, comme fait la neige printannière
Aux rayons du soleil ! Ce lourd manteau de pierre,
Oh ! comme il doit peser sur ce cœur indompté,
Sur cet aigle affamé d'air et de liberté !

SCÈNE II.

Les Mêmes, le Tavernier *sort de la taverne, ainsi que quelques bourgeois et ouvriers qui forment un groupe. Arrive dans le fond une compagnie de soldats écossais.*

UNE VOIX, *dans la coulisse.*

Qui vive !

L'OFFICIER ÉCOSSAIS, *à ses hommes.*

Halte là !

LE TAVERNIER.

C'est la garde montante.

L'OFFICIER ÉCOSSAIS.

Nous venions pour nous battre, et contre notre attente
On nous envoie ici pour garder une prison.

L'OFFICIER ANGLAIS.

Dam, il faut obéir.

L'OFFICIER ÉCOSSAIS.

C'est une trahison !

L'OFFICIER ANGLAIS.

Une garde après tout.

L'OFFICIER ÉCOSSAIS.

C'est bien, l'on s'y résigne ;
On la monte, et c'est dit... Mais j'ai dans ma consigne
Pour la nuit, un détail qui me répugne fort.

L'OFFICIER ANGLAIS.

Comment ?

L'OFFICIER ÉCOSSAIS.

Son excellence a décidé qu'Elford

Ne serait pas pendu, mais qu'à la douzième heure,
Cette nuit même, il faut que le coupable meure ;
Et c'est nous qui devons...

L'ANGLAIS.

Je comprends.

L'ÉCOSSAIS.

Mais pourquoi
Cette faveur ?

L'ANGLAIS.

C'était l'ami du vice-roi.

L'ÉCOSSAIS.

Et puis, il appartient à très haute famille.

L'ANGLAIS.

Ils auront intrigué.

L'ÉCOSSAIS.

Fort bien, qu'on le fusille,
Mais qu'on paye des gens pour de pareils travaux ;
Nous sommes des soldats et non pas des bourreaux !
(*Les Anglais sortent de la prison, les Ecossais y entrent.*)

SCÈNE III.

LES MÊMES, *moins les deux officiers.*

JENNIE, *au groupe.*
Etes-vous Irlandais?... Oui, n'est-ce pas ?

MARTHE.

Madame,
De la prudence.

JENNIE, *la repoussant.*
Non !
UN BOURGEOIS.
Que nous veut cette femme ?
JENNIE.
Approchez-vous de moi. Sachez donc qu'à minuit,
On veut le fusiller. — Ecoutez-moi sans bruit ;
A quelques pas de nous veille la tyrannie....
Soyons prudents... Il faut qu'il nous doive la vie !
Oui, nous le sauverons !...
DEUXIÈME BOURGEOIS.
De qui donc parlez-vous ?
JENNIE.
Du capitaine Rock ! — Venez, partageons-nous
De quartier en quartier, courons par la ville
Requérir nos ami jusqu'en leur domicile ;
Nous les réunirons près du vieil évêché,
Et de ces écossais nous aurons bon marché.
Venez... Vous restez tous là, immobiles, comme
De timides enfants ! Oh ! que ne suis-je un homme !
Comment, vous hésitez ? Mais vous les avez-vus,
Ils sont, pour le garder, vingt hommes tout au plus...
Suis-je folle?... — Est-ce un but que l'on ne puisse
[atteindre ?
PREMIER BOURGEOIS.
Hélas ! la pauvre enfant !
JENNIE.
Qui donc ose me plaindre ?
Il a peur, celui-là ! — Mais se serait honteux,
Si vous laissez tuer ce héros généreux !

A-t-il hésité, lui, pour sauver sa patrie,
A tout sacrifier, son bonheur et sa vie?
Vous tremblez? Vous fuyez? Vous ne répondez pas?
(*Les poursuivant.*)
Je vous méprise tous, vous êtes des ingrats!
(*Redescendant la scène.*)
Nous nous passerons d'eux, Marthe.--L'horloge sonne
Ecoute, et compte bien... Tout mon être frissonne !
(*Dix heures sonnent lentement.*)

LE TAVERNIER, *sur sa porte, à un voisin.*

Elle a le diable au corps.

LE VOISIN.

Dites le désespoir !

LE TAVERNIER.

Je vais me mettre au lit. — Bonsoir, voisin.

LE VOISIN.

Bonsoir.
(*Ils rentrent.*)

MARTHE.

Huit, neuf...

JENNIE.

Dix, et... c'est tout ! Cette horloge inflexible
A retenti dix fois sur mon cœur. — C'est horrible !
Deux heures !... Il faut agir, il faut... Dieu de bonté !
Deux heures, ce n'est rien, et... c'est l'éternité !
Je vais — Non, il vaut mieux compter sur leur clé-
[mence !
Ah ! Marthe cette fois, c'est bien de la démence !
Ne comptons que sur nous, Marthe; te souviens-tu
De ce livre, où tous deux, un soir nous avons lu?

Oh! je m'en souviens, moi — grâce à la nuit propice,
Une femme sauva son mari du supplice,
Après avoir changé ses habits avec lui.
Ce qu'elle fit alors, pourquoi donc aujourd'hui,
Ne le ferais-je pas à mon tour. — Oui la vie,
Tu ne la recevras que des mains de Jennie,
Car si tu l'attendais d'un seul concitoyen,
Hélas mon pauvre ami... Dormez, hommes de bien ;
Que votre doux sommeil paisiblement s'achève,
Et laissez-moi le temps de terminer mon rêve.
Nous fuirons ; car enfin il ne vous doit plus rien,
A vous qui l'oubliez... Moi je reprends mon bien !
Mon époux, mon trésor ! Si le ciel nous seconde,
Nous fuirons nous irons jusques au bout du monde,
Sous des cieux ignorés !— Ah ! Marthe, comprends-tu
Quel bonheur nous attend ? Pourquoi l'air abattu ?..
Oui, oui, le temps s'écoule en oisives paroles !
Arrête, illusion, arrête !... Tu t'envoles,
Et tu me laisses seule avec mon désespoir !

(*Elle s'élance vers la porte de la prison, et semble parlementer par le guichet.*)

UNE VOIX.

Sans un laisser passer vous ne pourrez le voir.

JENNIE.

Comment faire ?

LA VOIX.

C'est le shériff qui les délivre.

MARTHE, *à Jennie.*

Je sais où le trouver ; si vous voulez me suivre,
Je vous y conduirai.

JENNIE.

Viens, Marthe, hâtons nous.
Oh! m'éloigner de lui!... Soutiens-moi, mes genoux
Fléchissent. — L'entends-tu, cette horloge ennemie,
Implacable?... Déjà dix heures et demie!
Je reviens, je reviens, mon âme!...

SCÈNE IV.

RAYNOLDS, un Inconnu.

RAYNOLDS.

Le remord
Et les nuits sans sommeil où l'on songe à la mort,
Voilà ce qui m'attend. — Et toujours et sans cesse,
Sur mon front, cette voix terrible et vengeresse :
Le voilà, c'est Raynolds, le dénonciateur!
Et chacun de tourner la tête avec horreur.
Et moi, fuyant le jour, je cours dans les ténèbres,
Pour y cacher ma honte et mes larmes funèbres!
Avec quel froid dédain et quel profond mépris!
De mon apostasie ils m'ont jeté le prix!
Ils n'ont cru voir en moi qu'un traître mercenaire;
Loin de moi, loin de moi, retourne en Angleterre,
Infâme corrupteur, or mille fois maudit!
Je l'avais accepté; mais où donc mon esprit
Etait-il? — O mon fils, pardonne à cet outrage,
J'aurais pu te léguer cet infâme héritage.
Hélas! si je venais seulement droit à toi

Te dire qui je suis, avec quel cri d'effroi
Tu me repousserais Ma vie est terminée;
Je mourrai sans le voir, c'est là ma destinée.
Sans le voir ! Oh ! cruel et juste châtiment !
Oui, le fleuve m'appelle... il le faut. — Mon enfant!
  L'INCONNU, *qui l'observait depuis un instant.*
Ce pauvre homme médite une action coupable...
Arrêtez !

    RAYNOLDS.

 Laissez-moi, je suis un misérable
Indigne de pitié !

    L'INCONNU.

  Non, car le repentir
Parle dans vos sanglots.

    RAYNOLDS.

    Oh ! laissez-moi mourir !
Le fleuve tourbillonne et m'ouvre ses abîmes !
Laissez-moi, j'ai commis le plus lâche des crimes !

    L'INCONNU.

Ce crime, pensez-vous qu'il sera racheté
Par votre suicide, une autre lâcheté ?
Non ! C'est par la prière et par la pénitence !

    RAYNOLDS.

Dieu me poursuit, je sens le poids de sa vengeance.

    L'INCONNU.

La vengeance appartient aux faibles d'ici-bas ;
Lui, c'est le Dieu puissant, il ne se venge pas !

    RAYNOLDS.

Mais toi qui sembles bon et dont la voix me somme
De vivre, sais-tu bien de quel nom on me nomme?

Je suis... tu vas me fuir avec un cri d'horreur ;
Je suis... je suis Raynolds le dénonciateur !

L'INCONNU, *avec une douceur angélique.*

Pauvre homme !

RAYNOLDS.

Eh quoi ! ta voix, d'une douceur chrétienne,
Me console, et ta main n'a pas quitté la mienne !
Qui donc es-tu ?

L'INCONNU.

Je suis confesseur de la foi,
Humble soldat du Christ, et pécheur comme toi.
Marchez ! nous dit le maître, et le ciel nous seconde,
Nous marchons... nous allons jusques au bout du monde
Forts de notre faiblesse et semant en tout lieu
Le pain consolateur, la parole de Dieu !...
Nous nous sommes donné, chantant les saints cantiques,
Le baiser du départ. — Ceux-ci vers les tropiques
Sont partis, et ceux-là vers les glaces du Nord,
Et tous pour aboutir un jour au même port,
Au martyre. On m'a dit : Leur misère est si grande,
Va soutenir la foi de nos frères d'Irlande :
Et je suis accouru soudain auprès de vous.
Mais les plus malheureux étaient sous les verroux;
D'aveugles ennemis, hérétiques hostiles,
Laissaient leurs prisonniers sans croix, sans évangile
Le prêtre ne pouvait entrer dans la prison,
Le condamné mourait seul et sans oraison.
Pour atteindre mon but, Dieu m'a donné la grâce
Et la force d'agir sous une double face ;
Confesseur indulgent et geôlier rigoureux,

Agent du peuple anglais et soutenu par eux,
Dur et grossier, voilà ce que je dois paraître.
Mais la clef du geolier ouvre la porte au prêtre,
Qui, poursuivant alors son véritable but,
Ouvre au chrétien mourant la porte du salut !
Qui je suis? Tu le sais, à présent. Va, mon frère,
Tu peux me confier ta profonde misère,
Et Dieu, qui sait peser nos fautes et nos maux,
T'accordera la mort tranquille et le repos.

RAYNOLDS.

Eh bien, mon père, eh bien, je suis un grand coupable.
J'ai juré, j'ai trahi, mais le remords m'accable.
Lorsque j'avais mon fils, j'étais sensible et bon ;
On me l'a pris, les pleurs ont troublé ma raison !
Ah ! Gérald, sois maudit !

LE GEOLIER.

    Il ne faut pas maudire
Les morts. Gérald est mort !

RAYNOLDS.

    Mort, lui ! mort sans rien dire !
Et mon fils, quel est-il ? et qu'est-il devenu ?
Quoi !... sans rien dire... mort !

LE GEOLIER.

    Non, le ciel a voulu
Que je fusse témoin de son heure dernière.
J'ai juré d'exaucer sa suprême prière.
Car ce qu'il m'a remis devait être pour toi.

RAYNOLDS.

Que vous a-t-il remis ? Donnez, c'était pour moi ?
J'ai hâte ; l'écriture est à peine lisible.

Pardonne-moi! ton fils, c'est...c'est...c'est...impossible!
Lui! lui!... Je l'accablais de mon lâche mépris,
Et rien ne me criait : Arrête! c'est ton fils!...
Prêtre, tu crois en Dieu? Mais à quoi donc s'occupe
Ce Dieu qu'on dit si bon? Va, tu n'es qu'une dupe,
Car s'il n'a point poussé mon enfant dans mes bras
Après tant de douleurs, ton Dieu n'existe pas!...

LE GEOLIER.

Il blasphème! — Seigneur, désarme ta colère,
Il a beaucoup aimé son fils, le pauvre père!

RAYNOLDS.

Mon fils! C'était mon fils! Lui, lui, Robert Elford!
Ah! ne m'as-tu pas dit que Gérald était mort?
Je ne pourrai donc rien, rien contre cet infâme!
O démon! — Mon enfant, lui, lui! cette grande âme,
Ce géant, ce héros! C'était mon sang, ma chair,
Ma pensée et mon but! — Trahison de l'enfer!
Je touchais au sommet de la joie ineffable,
Et l'on m'a repoussé sur la pente effroyable
De la fatalité. — Lui, mon fils, condamné!
Et dénoncé par moi!... Mon fils!... Je suis damné!

(Onze heures sonnent.)

LE GEOLIER.

Ecoute.

RAYNOLDS.

Eh bien?

LE GEOLIER.

Ton fils n'a plus qu'une heure encore
A vivre.

RAYNOLDS, *avec des sanglots étouffés.*

Oh! oh!

LE GEOLIER.

Contiens le mal qui te dévore,
Sois calme et sois prudent, peut-être nous pourrons...
Mais on ne peut franchir la porte des prisons
Sans un laisser-passer. — C'est aux chefs militaires
Qu'on le montre; le temps s'écoule. Comment faire?

RAYNOLDS.

Quoi! je pourrais le voir?

LE GEOLIER.

Tu pourrais la sauver.

RAYNOLDS.

Ne mens pas!

LE GEOLIER, *à lui-même.*

Les soldats qui viennent d'arriver,
Et qui sont étrangers, n'ont pas vu son visage.
Oui, oui, cela se peut... Mais avant je t'engage
A trouver un laisser passer, car sans cela,
Je ne puis rien... non, rien...

RAYNOLDS.

Ce que tu me dis là
Est inouï; j'écoute et je rêve...

LE GEOLIER.

Mon frère,
Tout peut se réparer si Dieu nous aide. Espère!

RAYNOLDS.

Mais ce laisser-passer, comment en avoir un?
L'heure presse, il est tard, et pour trouver quelqu'un

LE GEOLIER.

Tiens, regarde.

RAYNOLDS.

Là-bas, c'est elle, c'est Jennie;
Elle accourt!

LE GEOLIER.

Pauvre père, allons, gémis, supplie,
Car ce laisser-passer qu'elle tient à la main,
Il faut, par un effort sublime, surhumain,
Qu'elle te l'abandonne!

RAYNOLDS.

Oh! que vais-je lui dire?
Sainte mère du Christ, que ton amour m'inspire!

SCÈNE V.

JENNIE, RAYNOLDS, *lui barrant le passage.*

JENNIE.

Arrière! Respectez mon deuil et ma douleur!

RAYNOLDS, *d'une voix tremblante.*

Madame.

JENNIE, *bondissant.*

Lui, Judas, le dénonciateur!
Et c'est en ce moment qu'il me barre la route.
C'est une lâcheté qu'il médite, sans doute...
Ah! loin de moi, reptile!

RAYNOLDS.

A vos genoux, plutôt,

Votre laisser-passer, Jennie, il me le faut!...

JENNIE, *avec un rire nerveux, et serrant convulsivement le laisser-passer contre sa poitrine.*

Ah! ah! que dit-il donc?

RAYNOLDS.

N'est-ce pas, c'est étrange!
Vous me le donnerez?

JENNIE.

Moi!

RAYNOLDS.

Car vous êtes l'ange
Et le rêve d'Elford.

JENNIE, *au paroxysme de l'étonnement.*

Cela ne se peut pas!

RAYNOLDS.

Oh! je voudrais baiser la trace de vos pas,
Pour racheter les pleurs que je vous fis répandre...

JENNIE, *avec terreur.*

Il m'émeut!

RAYNOLDS.

Votre époux, moi, je vais vous le rendre;
Elford, sauvé par moi, ne vivra que pour vous,
Et vous me bénirez alors à deux genoux!
Tous les deux sur mon sort vous verserez des larmes,
Lorsque vous apprendrez comment je fus trompé
Par Gérald.

JENNIE.

Par Gérald!

RAYNOLDS.

Mais le ciel l'a frappé.

Oui, l'infâme, abusant de mon désordre extrême,
Il m'a fait, pour mon fils, trahir mon fils lui-même!..
C'est mon fils!

JENNIE.

Votre fils.

RAYNOLDS.

Oh! par pitié, moins haut!
Votre laisser-passer, Jennie, il me le faut!

JENNIE, *ébranlée.*

Mais si vous me trompiez?

RAYNOLDS.

Faut-il que je vous jure?...
Non, non, je ne dois jurer, moi, le parjure!
Mais je dois vous convaincre et ne le puis, hélas!..
L'heure... l'heure qui marche et ne pardonne pas.
Oh! qu'un rayon du ciel vous guide et vous éclaire!
Comment vous hésitez? Mon Dieu! mon dieu! que
[faire?
Mais cette émotion qui tremble dans ma voix,
Mes craintes, mes sanglots... O mon fils!

JENNYE.

Je vous crois!

RAYNOLDS.

Merci, mon Dieu, merci... Donnez, l'horloge sonne.

JENNIE.

Si vous le sauvez, faites qu'il vous pardonne.
Hâtez-vous; moi, j'attends, solitaire en ce lieu,
Que vous ayez tenu votre promesse.

RAYNOLDS, *à la porte de la prison, et se retournant vers Jennie.*

Adieu!

(*Il entre, la porte se referme lentement.*)

JENNIE, *comme revenant à elle.*

Qu'ai-je fait? Mon laisser-passer! il me l'emporte! S'il mentait, si c'était encore... Oh!

lle s'élance vers la porte de la prison, qui résiste. — Reculant avec désespoir.)

Cette porte!

(*Elle s'agenouille et lève les bras au ciel. — Le rideau baisse.*)

FIN DU QUATRIÈME ACTE.

CINQUIEME ACTE.

La prison.

SCÈNE Ire.

ROBERT, DANIEL. (*Robert est immobile, le front appuyé dans ses mains.*)

DANIEL.

Robert, mon frère! — il dort; la nature réclame
Ses droits impérieux, et chaque jour notre âme
Retrempe sa vigueur dans les flots du sommeil.
Ainsi dans l'Océan se plonge le soleil,
Afin qu'à son lever son doux rayon inonde
Nos champs d'une clarté plus pure et plus féconde!
Tu l'as vu se coucher pour la dernière fois,
Ce soleil, et tu dors! — Poursuivant le chamois,
Après mille détours pour retrouver sa trace,
Le chasseur épuisé, que la fatigue harasse,
Sur les rocs escarpés s'arrête anéanti.
Partout il voit la mort béante autour de lui.
Il s'endort sur le bord glissant du précipice?
Et toi, tu dors aussi sur le seuil du supplice,
Sans avoir pu saisir, ô chasseur indompté,
Ce chamois qui toujours s'enfuit... la liberté!
Mais que vois-je? c'est bien une larme furtive;
C'est en vain qu'il voulait la retenir captive,

Elle brille, s'échappe, et tombant sur mon cœur,
Y réveille l'écho, frère, de sa douleur !
   (*Prenant la main d'Elfort, qui lève les yeux.*)

Le temps va dévorer l'heure qui nous rassemble,
O mon ami, pourquoi ne pas pleurer ensemble?
Tu me cachais tes pleurs !

ROBERT.

              Lorsque la mort surgit,
Il s'opère un miracle extrême dans l'esprit,
Un maçon, son pied manque, il tombe; dans sa chute,
Plus rapide cent fois qu'une seule minute,
Eh bien, tout son passé se déroule à ses yeux ;
Pour tous ceux qu'il aimait, il trouve des adieux ;
Il entend retentir les cloches du village ;
Il repasse les jeux naïfs de son jeune âge...
Moi, comme ce maçon à ses derniers instants,
J'ai, le front, dans ma main, revécu mes vingt ans !
O beaux lacs transparents; ô collines vermeilles !
O doux et gais refrains, qui charmiez mes oreilles !
O bois sombres !.. Patrie aux champs toujours fleuri.
Frère, te souviens-tu de nos jeux, de nos cris,
Lorsqu'adultes tous deux, nous allions par la plaine
Aspirer le bonheur de vivre. — Hors d'haleine,
Nous gravissions les monts, d'une égale vigueur,
Nous tenant par la main, nous n'avions qu'un seul
                                      [cœur.
Et notre œil dévorait l'espace... et l'espérance
Des plus belles couleurs dorait notre existence !
Et maintenant plus rien... Oh ! bonheur d'exister,
Douce habitude d'être, il faut donc vous quitter !

A l'heure où, dans le cœur, surabonde la vie,
Ne pouvoir humecter sa lèvre inassouvie
Dans ta coupe!... O nature! et ne plus rien sentir,
Rien voir, ni rien aimer! Mourir! mourir!! mourir!!!

DANIEL.

Robert!

ROBERT.

Oui, c'est bien moi, dont la stoïque audace
A ce matin bravé leur arrêt, face à face,
Oh! s'ils pouvaient me voir à ce point affaibli,
Comme ils crieraient : Enfin, son cœur s'est amoli!
Et comme ils guetteraient, dans leur féroce joie,
Le lourd palpitement de leur mourante proie!
Oui, je pleure. — En entrant dans la sombre prison
J'ai jeté sur le seuil mon masque fanfaron.
Oui, l'horreur de la mort qui m'attend là m'arrache
Des pleurs, et cependant je ne suis pas un lâche.

DANIEL.

Oui, pleure. Où donc serait l'héroïsme ici-bas,
Que de donner des jours auxquels on ne tient pas?
Mais tout ne finit pas avec le sacrifice,
Et tu dois, le cœur ferme, affronter le supplice!
Frère, ne vois-tu rien au-delà du tombeau?

ROBERT, *avec mélancolie*.

Mourir... c'est n'être plus.

DANIEL.

C'est vivre de nouveau!

ROBERT, *avec amertume*.

De nos jours regrettés, le ciel est un mirage;
Quand le corps meurt, tout sombre... et rien ne lui
[surnage!

DANIEL.

Ah! voilà bien le fait de l'orgueil protestant,
Qui creuse la raison pour trouver le néant!
Je ne veux t'adresser ni discours, ni reproche,
Mais donne-moi ta main, ami; ta mort approche.
Rentre au fond de toi-même, et réveille la foi
Qui dormait dans ton cœur; je veux te revoir, moi!

ROBERT.

Si c'était vrai!...

DANIEL.

C'est vrai. Ce n'est point la science,
Ce n'est point la raison; non, c'est la conscience,
Ce sentiment intime au cœur de tout mortel
Qui nous tourne vers Dieu, notre pôle éternel!
Explique qui voudra le miracle, il existe;
Quelque esprit fort qu'on soit, personne n'y résiste
L'incrédule absolu ne s'y rencontre pas,
L'orgueil tombe, et Dieu reste à l'heure du trépas!

ROBERT.

Oui, tu dis vrai, je crois. Si j'ai douté, mon frère,
Pardonne-moi; jamais je n'ai connu ma mère,
J'ai grandi sur les bancs de l'école. Un rhéteur
Façonna mon esprit aux dépens de mon cœur.
Les lieux communs du doute ont brûlé ma cervelle;
Ils croyaient faire un homme, ils ont fait un rebelle!
Et c'est encore à toi que je dois ce bienfait
De mourir en chrétien; à toi, l'homme parfait,
L'ange du dévoûment, l'ami que rien ne lasse!
Tiens, lorsque mon esprit tout à coup se retrace
Le sublime tableau de ta grande amitié,

Oh! je me sens indigne et tout humilié!
Car tu l'aimais aussi, toi, la pauvre Jennie;
Ne mens pas! Tu l'aimais, et je te l'ai ravie!
Je suis venu chez toi te voler ton bonheur,
Et tu n'as pas gardé de haine dans ton cœur!
Ton abnégation est si grande, elle est telle,

(*S'agenouillant devant Daniel.*)

Qu'elle ne peut venir que d'une âme immortelle!
Oui, mon ami, je crois!

DANIEL.

Le plus sûr argument,
C'est l'exemple. Merci, car pour mon dévoûment,
Je suis rémunéré, Seigneur, par cela même
Que j'ai sauvé son âme à ta barre suprême!

ROBERT.

Lorsque, pour m'engloutir, s'ouvre l'éternité,
Écoute ma dernière et seule volonté :
Dès que j'aurai subi l'inévitable épreuve,
Oh! de son désespoir sauve la pauvre veuve,
Mon ami; promets-moi, dois-je t'en supplier?
Sois assez éloquent pour me faire oublier.
Tu peux ce que tu veux. Montre à la pauvre femme
Les splendides trésors que renferme ton âme!
Pour elle ne sois pas généreux à moitié,
Et double ton amour de ta noble amitié!
Ce n'est pas seulement une épouse fidèle,
C'est ton ami mourant qui va revivre en elle.
Tu me comprends, c'est bien. Allons, vienne la mort,
Je franchirai le seuil sans crainte et sans effort!

Mais je ne puis songer, cependant, que mon père
M'abandonne et m'oublie à cette heure dernière!
(*La porte de la prison s'ouvre. Raynolds paraît, le
feutre sur les yeux, et enveloppé d'un large manteau.*)

SCÈNE II.

ELFORD, DANIEL, RAYNOLDS.

ELFORD.

Mon Dieu, si c'était lui!
(*Reculant en reconnaissant Raynolds.*)
Non, non, c'est le bourreau!

RAYNOLDS, *à lui-même.*

L'enfant qu'on m'a volé, jadis, dans son berceau,
Mon enfant, le voilà!...

ROBERT.

Daniel, que veut dire?...
Pourquoi cet homme ici? quel sentiment l'inspire?
Ainsi, jusqu'au dernier moment tu me poursuis.
Oh! lâche!

RAYNOLDS.

Malheureux, sais-tu bien qui je suis?

ELFORD.

Qui vous êtes?... Comment, c'est lui qui le demande!
Qui vous êtes? vous! vous! Demandez à l'Irlande,
Et cinq millions de voix frémissantes d'horreur
Répondront: C'est Raynolds le dénonciateur!

RAYNOLDS.

Tais-toi, tais-toi, je suis...

ROBERT.

Qui vous êtes? Vous êtes
Maudit et réprouvé par tous les cœurs honnêtes;
Et sous tous les climats, et sous tous les pays,
Vous êtes un objet de honte et de mépris!
De tous les renégats vendus à l'Angleterre,
Le plus vil et le plus...

RAYNOLDS.

Tais-toi... je suis ton père!

ROBERT, *bondissant en arrière et venant tomber assis, comme frappé de stupeur.*

Que dit-il? Que dit-il?... Daniel, entends-tu
Ce qu'il dit, lui... Raynolds?

RAYNOLDS.

Oui, ton père abattu
Par vingt ans de douleur et d'horrible souffrance;
Oui, c'est toi, mon enfant, perdu depuis l'enfance,
Toi, que j'ai tant cherché. Vois, je t'ouvre mes bras,
Je t'appelle, j'attends...

ROBERT, *froidement.*

Je ne vous connais pas!

RAYNOLDS.

Il ne me connaît pas! — Si de là-haut ton âme
Peut agir sur le cœur de ton fils, sainte femme!
Prends en pitié l'époux que Dieu t'avait donné;
Souviens-toi de ce jour où l'enfant nous est né,
Souviens-toi de ma joie ardente et sans pareille,
Quand ton lait ruisselait de sa lèvre vermeille!

Comme tu le serrais tendrement sur ton cœur,
Ce trésor bien-aimé, fruit de notre bonheur!
Pouvais-tu croire alors qu'un jour le pauvre père,
Après vingt ans de maux, de larmes, de misère,
Retrouverait son fils et lui tendrait les bras,
Et qu'on lui répondrait : Je ne vous connais pas!
   ROBERT, *tombant à genoux.*
Pouvais-tu croire alors, ô ma mère! ma mère!
Que ton enfant serait dénoncé par son père?
Et que non-seulement, content de le trahir,
Lorsque par son fait seul ton enfant va mourir,
Il oserait ternir cette heure qui lui reste,
En lui jetant un nom que l'Irlande déteste!
   DANIEL.
Prends garde! O toi qui meurs pour notre liberté,
Ton nom ne fut-il pas de même détesté,
Lorsque l'on te croyait l'homme de l'Angleterre?
Son crime peut cacher l'héroïsme du père.
Prends garde! Et puis, d'ailleurs, n'en fût-il pas ainsi,
Le niveau de la mort doit tout couvrir ici!
Avant d'aller à lui, Dieu veut que l'on pardonne.
Prends garde! il en est temps; c'est ton heure qui
             [sonne!
(*En disant ces vers, il conduit par la main Elford dans les bras de Raynolds, qui couvre son fils de baisers.* — *Minuit sonne. Tout à coup la fenêtre de la prison s'éclaire d'une lueur rougeâtre.*)
   RAYNOLDS, *à son fils.*
Tiens, vois là-bas les monts qui s'embrasent soudain,
C'est le camp de Wicklow qui marche sur Dublin!

ROBERT, *s'élançant vers les barreaux.*

A cet aspect, je sens se tendre chaque fibre
De mon être. Oh! mon Dieu! mon Dieu! si j'étais libre!

RAYNOLDS.

O mon héros ! ton père était digne de toi !
Ce bruit... Oui, ce sont eux !

(*La porte s'ouvre; les soldats écossais paraissent dans le fond.*)

L'OFFICIER, *appelant.*

Robert Elford !

RAYNOLDS, *s'élançant.*

C'est moi !

(*La porte de la prison se referme.*)

ROBERT, *qui s'est retourné à l'appel de son nom.*

Que fait-il ? Arrêtez ! C'est mon père !...

LE GEOLIER, *le retenant et lui mettant la main sur la bouche.*

Silence !

(*On entend la fusillade. Robert tombe à genoux.*)

LE GEOLIER.

Il vient de mériter la céleste clémence !

(*Il couvre les épaules de Robert du manteau de Raynolds, pendant que Daniel lui met son chapeau. — La porte de la prison se rouvre. — On voit traverser le corps ensanglanté de Raynolds, porté sur un brancard par les soldats.*)

LE GEOLIER, *d'une voix rude, poussant hors de la prison Robert et Daniel.*

Allons, portez plus loin vos cris et vos regrets !

L'OFFICIER ÉCOSSAIS, *au geolier.*

Vous êtes bien brutal !

LE GEOLIER, *levant les épaules.*

Ah ! bah ! des Irlandais !

(*Tous sortent. — La scène change à vue.*)

SCÈNE III.

Les montagnes de Wicklow. — Un site agreste et sauvage ; à gauche du spectateur, sur le second plan, un vieux chêne trapu et séculaire, près duquel flambe un feu à moitié consumé. — Nativa est debout sous le chêne, entièrement éclairée par un rayon oblique de la lune. Le vieillard et l'enfant se chauffent, éclairés seulement par la lueur du feu. — On entend les rumeurs lointaines du combat, apportées par rafales intermittentes.

NATIVA.

Salut au souverain des cieux et de la terre ;
Il marche sur la nue, il glisse sur les eaux,
  Et comme de faibles roseaux,
Il brise les orgueils et réduit en poussière
  Les conquérants et les héros !
Il regarde, et le ciel s'illumine et s'éclaire ;
Il souffle, et la tempête agite l'Océan ;
Il parle, et dans les airs éclate le tonnerre ;
Il marche, et sous ses pieds retentit le volcan.
  Au rayon de sa clémence,
  C'est la joie et l'abondance,

Les troupeaux et les moissons.
A l'ombre de sa colère,
C'est la famine et la guerre,
La haine et les trahisons.
Là-bas le canon résonne
Et la mort fauche et moissonne
Des gerbes de corps humains;
Mais lui seul tient dans ses mains
Le grand secret de la vie,
La mort et son agonie!

SCÈNE IV.

Les Mêmes, ROBERT ELFORD.

ROBERT.

Je l'ai cherchée en vain, quel étrange mystère;
Jennie, où donc es-tu? Mon Dieu, mon cœur se serre.
Elle m'aura cru mort, et peut-être...

NATIVA, *étendant la main vers Elford.*

Oui... là-bas.

ROBERT.

Nuit terrible! Mon trouble augmente à chaque pas.
Avançons!

NATIVA.

Que nous veut cette proie échappée?

ROBERT.

Mais qui donc peut avoir dérobé mon épée?
Pas une arme!

(*Apercevant Nativa.*)
Quelqu'un ! Que fais-tu là ?

NATIVA.

J'attends
Le payement sacré d'une dette. Il est temps !
Elle avance à grands pas, cette heure solennelle !
Et toi ?

ROBERT.

Je vais au camp.

NATIVA.

Pourquoi faire, rebelle ?
Un autre agit pour toi, ton épée à la main.
Regarde !

(*Elle l'entraîne et du doigt lui montre la plaine.*)

ROBERT.

Les Anglais nous cèdent le terrain.
Le capitaine Rock a déjà pris ma place !
Il agit vaillamment. Bien, très-bien ! Quelle audace !
L'imprudent ! Que fait-il ? Ah !

NATIVA.

C'était là le sort ;
Il devait préserver un héros de la mort !

SCÈNE V.

ELFORD, *à l'écart*, HOLT, DES IRLANDAIS-UNIS, *apportant le corps du faux capitaine Rock*, NATIVA.

HOLT.

Allez, n'ébruitez pas la mort du capitaine ;

Et vous, portez son corps ici, sous ce vieux chêne.
NATIVA, *à Holt.*
Une femme à son tour bientôt te sauvera,
Et du plomb des Anglais ton sein préservera !
(*Elle s'accroupit; on pose sur ses genoux la tête du faux capitaine.*)
HOLT.
Par un élan sublime, il a sauvé ma vie !
NATIVA, *ôtant le masque du faux capitaine.*
Une femme a payé ma dette ?
ELFORD, *s'élançant sur le corps.*
Ciel ! Jennie !...
JENNIE, *s'animant.*
Mon Elford !... Au supplice il a donc échappé ?
Tu vois, je t'ai cru mort, et... mon cœur s'est trompé !
Je ne veux plus mourir ! Je veux... mon sang se glace !
Sauve-moi ! sauve-moi !.. Plus près, que je t'embrasse,
Mon héros ! Dieu ! mon Dieu ! mon cœur va se briser !
Reçois tout mon amour dans mon dernier baiser !...
(*Elle meurt.*)
ELFORD, *d'une voix étouffée*
O parfum douloureux !... O ma fleur moissonnée !..
(*Avec égarement, regardant ceux qui l'entourent.*)
Allons ! préparez tout pour le sombre hyménée !
Creusez profondément la couche des époux !
(*Serrant convulsivement Jennie dans ses bras, et sanglottant.*)
Ma vierge, mon trésor !...
HOLT, *ému, aux Irlandais qui entourent le corps.*
Frères, contenez-vous !

(*A Elford.*)

N'amollis pas nos cœurs; nous pleurons tous. Regarde!
(*Les rumeurs redoublent dans la coulisse.*)

UN IRLANDAIS-UNI, *entrant, avec effroi.*

Les Anglais !

UN CHEF, *accourant vers Holt.*

La terreur est dans notre avant-garde !

PLUSIEURS VOIX, *dans le fond du théâtre, avec consternation.*

Le capitaine Rock est mort !

ELFORD, *ayant mis le masque de Naliva, s'emparant de son épée, rejetant son manteau, et se redressant dans le costume traditionnel.*

Il est vivant !

Irlande pour toujours, en avant !

TOUS, *brandissant leurs armes.*

En avant !

FIN DU CAPITAINE ROCK.

NOTES DU CAPITAINE ROCK.

PROLOGUE.

NOTE I.

De pays en pays, de rivage en rivage.

(Voyez *le Moniteur*, 19 thermidor, an VI. — Rubrique de Londres).

.... L'expédition de Bonaparte occupe ici, comme de raison, le public, ainsi que le gouvernement. On ne doute guère quelle soit destinée pour l'Egypte pour aller de là attaquer les Anglais dans l'Inde.

Vous savez qu'il y a en Angleterre beaucoup de Bohémiens errants qui se croient Egyptiens et qui en portent ici le nom : *Gypsies*. Ils ont une très-ancienne chanson qu'ils chantent encore et dont on a donné la traduction dans quelques journaux. Voici la traduction française de cette traduction anglaise :

« Les années couleront sur les années, les siècles rouleront sur les siècles, avant que les forces du monde abaissent l'orgueil du croissant. Chassée de royaume en royaume, la puissante race égyptienne, semblable aux vagues de l'Océan, sera poussée sur tous les rivages. Mais, lorsque trois fois cent ans seront écoulés, alors arrivera le terme de leur esclavage ; alors, des nations guerrières viendront des climats lointains, elles nous rendront notre terre natale et détruiront les tours des Turcs. »

NOTE II.

Et veut être César, quand il était Messie.....

Tout le monde sait que Bonaparte se présenta aux Arabes d'Egypte comme l'envoyé de Dieu ; ils virent, en effet, en lui un être mystérieux et surhumain. Ils l'appelèrent le Sultan Kebir, *le Sultan de feu*, et croyaient qu'il avait le don de pénétrer leur pensée et de déjouer leurs projets à l'instant où ils les formaient.

NOTE III.

Parle, a dit le bourreau ; frappe a dit la victime,
Et l'enfant est tombé !

Un malheureux enfant de 15 ans, qui portait sur son cœur : A la mémoire de William Orr, a été condamné à 150 coups de verges ; il a expiré sous les tortures de ses assassins.

(*Moniteur français*, 3 messidor, an VI.)

NOTE IV.

Mais où poser le pied sur le sol irlandais,
Sans que la voix des morts, surgissant des abîmes,
Ne crie : Enfant d'Erinn, souviens-toi des victimes !

Ceci n'est point une figure de rhétorique faite à plaisir, et, pour quiconque a lu et étudié les documents épars de l'histoire d'Irlande (car l'histoire *vraie* de l'Irlande n'existe pas encore), il est évident que non-seulement toute la surface du sol de l'Irlande, mais encore la profondeur, contient des couches superposées de victimes.

NOTE V.

Les Anglais ont donc passé par là !

Nous ne voulons pas qu'on nous accuse d'avoir forgé à plaisir des faits qui tendraient à jeter de l'odieux sur les Anglais.

Le but de ces notes est de prouver le *moins* par le *plus*; certainement l'événement que nous mettons dans la bouche de Raynolds n'est pas arrivé à Raynolds, mais est-il impossible ?

Qu'on en juge par l'extrait suivant que nous traduisons au courant de la plume, un épisode pris au hasard entre mille, et notez qu'il ne s'agit pas là des *exploits* de Cromwell, ni des massacres du temps d'Elisabeth, nous sommes en plein 1798 — à la belle époque de la civilisation anglaise — en pleine aurore de *philanthropie !*

« Et ce fut après la fuite des rebelles que les malheureux et pacifiques habitants de Kilcomney furent massacrés dans leurs foyers. Les exploits de sir Charles Asgill, — *le beau sabreur de 1798*, — ont été recueillis par un des rebelles qui eut la *chance* d'échapper à la mort.

» — Les habitants, sans défense, du canton le plus inoffensif et le plus pacifique, furent — dit-il — la proie d'une véritable boucherie — hommes, femmes, enfants, ni la vieillesse, ni le sexe, ni l'infirmité, n'obtint grâce devant les bourreaux ; ils furent tous massacrés sans pitié. — (Vide *Cloney's rebellion*, p. 82.) — Il cite les noms d'un grand nombre de victimes dont le seul crime était d'avoir vu leur pays traversé par une bande de rebelles fugitifs ; il constate que *cent quarante habitants* furent massacrés dans ce seul endroit, et parmi les victimes, il parle, entr'autres, d'un nommé Patrick Fitz Patrick.

» Au moment où les *vainqueurs en maraude* entrèrent dans la cabane, sa pauvre femme, qui allaitait un enfant, s'élança avec effroi vers son mari pour lui faire un rempart de son corps ; ils furent froidement couchés en joue et fusillés sur place; ils tombèrent raides morts. Après quoi, les Anglais mirent le feu à la cabane, en manière de distraction, et... poursuivirent leur route. Le toit de chaume flambait et *pleuvait* du feu sur la tête des enfants de ce couple infortuné. Six enfants !... et cinq d'entr'eux — pauvres innocentes créatures ! — coururent vers une maison voisine, qui avait échappée au massacre, en criant : — *Papa est tué ! maman est tuée !... et les cochons boivent leur sang !...* — Quant à l'enfant, qui était dans les bras de sa mère, au moment du meurtre, Dieu fit un miracle en sa faveur, il échappa aux balles et à l'incendie, car Cloney ajoute qu'il vivait encore il y a quelques années et qu'il se nommait Térence Fitz Patrick. — (1836.)

» Une tante à eux, une pauvre femme dans la misère, nommée Kearly, prit les six enfants chez elle, et lorsqu'elle eut épuisé, pour les soutenir, ses rares et dernières ressources, elle se fit mendiante et tendit la main pour donner du pain aux *six orphelins Fitz Patrick !*

» Elle fut aidée par les plus malheureux du district, l'obole de la pitié ne se fit pas attendre, et la miséricorde divine donna à la sainte femme la satisfaction de voir grandir les six enfants — qui devinrent des hommes.

» Ah si l'histoire n'a pas une page à donner au noble dévouement de cette pauvre femme, Dieu, qui n'a pas besoin des annales humaines pour se rappeler, se souviendra d'elle au jour de la rémunération éternelle ! Au grand jour où maint héros de l'histoire cherchera en vain dans les abîmes de sa conscience le souvenir d'une action méritoire, capable d'atténuer le poids de ses crimes et de ses méfaits ! »

(*The United Irishmen.—Madden.*—1re série, vol. 1er, p. 365.)

NOTE VI.

Mais je dois obéir au Comité suprême.....

L'association des Irlandais-Unis était composée d'une multitude de sociétés étroitement liées l'une à l'autre et montant par gradation. Elle formait comme une pyramide dont le point de réunion se trouvait au sommet. Les sociétés du rang le plus bas consistaient au moins en douze personnes dont les habitations étaient voisines autant que possible. Les associés devaient se surveiller mutuellement. Cinq secrétaires, élus par cinq sociétés simples, formaient un comité *baronial* qui avait la surintendance immédiate de ces cinq sociétés. Dix délégués choisis par dix comités baronials inférieurs, formaient un comité baronial supérieur, qui dirigeait de même les affaires de ces dix comités. Avec la même surintendance sur les assemblées constituantes, les délégués des comités supérieurs composaient, dans les comtés, des comités de province et des comités de district dans les villes populeuses. Le commandement suprême était confié à un directoire exécutif composé de cinq sociétaires inconnus à tous les membres, excepté aux quatre secrétaires des comités provinciaux ; ils étaient élus au scrutin secret ; les secrétaires seuls en faisaient le dépouillement et donnaient connaissance de l'élection qu'à ceux qui étaient nommés. Les ordres de ce directoire secret passaient à toutes les diverses associations par des canaux qu'il n'était pas aisé de découvrir. Un des membres du directoire portait les décisions de cette autorité à un des membres de chaque comité provincial. Chacun de ceux-ci les transmettait aux secrétaires des comités de district et de comté. Ces secrétaires à leur tour les faisaient passer à ceux qui exerçaient le même office dans les comités baronials, et de ces derniers enfin ils parvenaient aux simples associés.

L'organisation militaire était sur le même plan. Le secrétaire de chaque société simple était ou officier non breveté, ou sergent ou caporal. Le député de cinq sociétés simples à un comité baronial inférieur était ordinairement capitaine des cinq sociétés, c'est-à-dire d'une compagnie de soixante hommes. Le délégué de dix comités baronials inférieurs auprès de l'un des supérieurs, commandait, avec la qualité de colonel, un bataillons de six cents, composé de cinquante sociétés simples soumises à l'inspection de ce comité supérieur. Parmi trois personnes dont les colonels de chaque comté transmettaient les noms au directoire, celui-ci nommait un adjudant-général du comté, et, pour compléter l'organisation, le directoire formait un comité militaire chargé de donner la direction aux forces nationales, soit dans une révolte qui aurait lieu sans secours étranger, soit dans le cas où il faudrait coopérer avec une armée qui envahirait le pays. Tous les membres de l'union reçurent l'ordre de se munir de fusils ou de piques suivant leurs moyens. Pour former les fonds nécessaires aux dépenses du plan d'insurrection, on fit chaque mois des souscriptions qui furent remplies par les membres suivant leur zèle et leurs facultés, et l'on nomma des trésoriers.

ACTE PREMIER.

NOTE VII.

Voyez l'exécution qui vient d'avoir lieu.....

Le *véritable* capitaine Rock a été exécuté plus de cinquante fois. Le dernier, dont il est fait mention, a été pendu à Cork, en 1822...

NOTE VIII.

Loin de nous affranchir, nous avons vu nos peines
S'aggraver ; chaque effort a resserré nos chaînes...

Lorsque les convulsions du peuple manifestaient ses souffrances on ajoutait une corde, une chaîne, une loi de plus.

L'Angleterre traitait l'Irlande comme quelques nourrices de campagne traitent leurs nourrissons; elles les serrent fortement pour les empêcher de crier, les laissent violets, demi-morts et sans possibilité d'élargir leurs poumons pour se plaindre.

(*Scènes populaires en Irlande*, par Shiel.)

NOTE IX.

Cette nuit, j'entendais un lamentable bruit :
La Banshée a pleuré pendant toute la nuit...

La Banshée est un esprit du sexe féminin, ou du moins qui ne se montre jamais que sous les traits d'une femme toujours vieille et laide, et qui, quelquefois même, est invisible. C'est un esprit qui s'attache particulièrement à une famille et qui annonce, par ses pleurs et ses gémissements, la mort des individus qui en font partie; mais il a des prédilections aristocratiques, et il n'y a que les familles distinguées qui aient l'honneur d'avoir une Banshée.

(*L'Hermite en Irlande.*)

ACTE DEUXIÈME.

NOTE X.

Le Middleman nous a chassé de notre ferme...

C'est ainsi que s'appellent les agents que le propriétaire absent place à la tête de ses domaines pour les régir et en percevoir les revenus; rien n'égale la morgue et la cupidité de ces intendants irlandais; rien non plus ne peut donner une idée de la froide barbarie qu'ils déploient envers les malheureux paysans.

La manie de quitter son pays pour aller vivre ailleurs est répandue à un point extrême dans les hautes classes d'Irlande ; on a même forgé le mot *absentéisme*, pour désigner ce système d'émigration. Tous les grands propriétaires laissent leurs terres à un middleman, et vont se fixer à Londres où ils prodiguent sans pudeur l'argent qu'ils tirent de leur malheureuse patrie.

NOTE XI.

Si vous ne voulez pas sentir un argument
Assez persuasif et pas mal éloquent.
(Il fait tournoyer son bâton.)

L'arme favorite de l'Irlandais est un bâton ferré de longueur moyenne et dont il se sert avec une dextérité et une adresse toutes spéciales.

ACTE TROISIÈME.

NOTE XII.

La loi martiale agit!.....

C'est-à-dire l'absence totale de la loi. La vie et le foyer de l'universalité des Irlandais, livrés au libre arbitre d'une soldatesque effrénée.

Nous hésitons à transcrire ici les horreurs sans nom commises par l'armée anglaise. Le meurtre, le viol, le pillage, l'incendie, les tortures, les demi-pendaisons, etc., etc. ; la plume nous tombe des mains, et ces atrocités précédèrent et provoquèrent *sciemment* la rebellion !

.... Ils se permirent divers excès. On prenait les prisonniers arrêtés sur des soupçons ; on leur serrait le cou presque jusqu'à les étrangler : c'est ce qu'on appelait pendre à moitié. Ces barbaries servaient d'amusements aux sergents de la milice. On mettait à d'autres sur la tête un bonnet enduit intérieurement de poix, de résine ; il était si fortement appliqué qu'on ne pouvait l'enlever sans arracher les cheveux et quelquefois sans enlever la peau, etc., etc.

(*Histoire d'Irlande*. GORDON (protestant). III. chap. XIII.)

Les troupes royales égorgèrent plusieurs malheureux qui n'avaient pas commis le moindre acte de rebellion. Des hommes emprisonnés sur de simples soupçons, par méchanceté, même par caprices, étaient mis à mort indistinctement par *des espèces de militaires* vivant dans la licence, incapables dans les combats de faire face aux rebelles.

(GORDON. — *Histoire d'Irlande*.)

Et que l'on ne croie pas que ces excès furent commis à l'insu du gouvernement anglais — au contraire et maintefois des chefs et généraux suspectés de modération furent rappelés.

Le brave et généreux Abercrombie avait résigné le commandement, il ne voulait plus commander une armée *que les plans de l'administration* ne lui permettaient pas de ramener à une exacte discipline.

(GORDON. — *Histoire d'Irlande*.)

Abercrombie était un militaire distingué, depuis il est mort en Egypte, *au champ d'honneur*.

(GORDON. — *Histoire d'Irlande*.)

On peut se faire une idée des moyens employés pour amener la révolte à son point de maturité, par le passage suivant d'un discours de lord Moira : « Des cultivateurs paisibles doivent-ils, sur la délation d'un espion salarié ou d'un dénonciateur parjure, être enlevés de leur habitation, arrachés au milieu de la nuit aux embrassements de leurs femmes et de leurs enfants, et pendus sans aucune forme de procès et sans même avoir le temps d'implorer la miséricorde du ciel à leurs derniers moments ? Doit-on, sous un prétexte aussi frivole, livrer aux flammes la cabane de ces infortunés, et leur donner la mort lorsqu'ils essaient de se dérober à l'incendie ? Les catholiques paisibles de tout un district, que dis-je ? de tout un comté, peuvent-ils être chassés et privés de leurs faibles moyens d'existence, par une troupe de scélérats payés et protégés, appelés *orangistes* ? »

Lorsque lord Moira s'exprima ainsi dans la Chambre des lords, un noble ministre lui répondit que : « s'il en était ainsi, le peuple ne manquerait pas de résister. » L'Irlande a pris note de cette réflexion.

L'usage le plus odieux et en même temps le plus pernicieux était celui qu'on désignait sous le nom de *coin and livery* (argent et livrée) ; lequel usage consistait à prendre chez tous les habitants du pays de la nourriture, soit pour homme, soit pour cheval, ainsi que de l'argent, à la discrétion à la guise du soldat, qui, comme le disent très-bien les Saintes-Écritures, *mangeait le peuple comme s'il était du pain*; il n'avait point d'autre solde. Cette extorsion était d'origine irlandaise ; car c'était l'habitude d'imposer *Bonagth* (1) sur le peuple. Les soldats n'avaient pas d'autre paie. Mais quand cette coutume fut venue à la connaissance des Anglais, ils en usèrent avec plus d'insolence, et se rendirent plus insupportables ; car cette oppression n'était pas passagère, ni circonscrite aux temps et aux lieux; comme il existait partout une guerre continuelle, soit offensive, soit défensive ; que, d'ailleurs, tout seigneur d'une contrée et tout commandant des frontières faisaient la guerre, la paix, selon leur bon plaisir : elle devint universelle et perpétuelle ; c'était, en vérité, l'oppression la plus accablante qui se soit jamais introduite dans aucun royaume chrétien ou païen. C'est

---

(1) Bonagt était le terme irlandais, indiquant le droit pour les soldats d'être logés et nourris.

pourquoi, « *vox oppressorum,* » cette énorme iniquité a attiré des fléaux aussi grands ou plus grands même sur l'Irlande que l'oppression des Israélites n'en a attiré sur la terre d'Egypte. Car, bien qu'ils fussent affligeants, les fléaux de l'Egypte ne furent que d'une courte durée ; mais les fléaux de l'Irlande durèrent *quatre cents ans incessamment.*

(DAVIES, p. 131.)

NOTE XIII.

La paix du cimetière.....

Tacite a dit : *Ubi solitudinem faciunt, pacem appelant.*

C'est la seule paix que les Anglais, par leur politique systématique, veulent donner à l'Irlande.

.... Les Irlandais, que l'on ne put subjuguer par la force, furent obligés de se rendre à la famine. On ravagea chaque année les récoltes ; on enleva et tua le bétail ; on détruisit toutes les denrées ; la campagne fut dévastée. La population périt faute de nourriture ; la famine et la peste furent les armes irrésistibles dont se se servit l'Angleterre pour conquérir la domination.

Il est horrible de penser que ce mode d'assujétissement fut suggéré dans tous ses détails par le poëte Spencer ; par un homme qui, bien qu'entaché des singularités de son époque, fut doué d'un grand génie poétique. Mais son imagination, qui s'enflammait au tableau des malheurs factices, s'ingénia et s'épuisa à tramer des horreurs réelles pour l'Irlande. Il avait tracé son plan pour la *pacification* de l'Irlande, et ce plan n'était autre que de créer la famine et d'établir la peste :

« La fin de tous ces troubles sera beaucoup plus tôt arrivée en les empêchant de cultiver leur terre et de nourrir le bétail ; grâce à cette dure gêne, ILS SE CONSUMERONT TRANQUILLEMENT EUX-MÊMES ET SE MANGERONT LES UNS LES AUTRES. (*L'Irlande de* SPENCER.)

(O'CONNELL. — *Griefs,* etc., p. 110.)

On regardait comme d'une habile politique de susciter entre les Irlandais de sanglantes disputes ; leurs querelles particulières pouvant être d'un grand avantage au service public.

(*Pacata hibernia*, 630.)

Cette politique fut incessamment et vigoureusement poursuivie. Que tout homme de sang-froid lise l'extrait suivant :

« Ils s'acquittèrent de cette mission à la la lettre et réduisirent les rebelles à une condition si misérable, *qu'on vit trois enfants mangeant les entrailles de leur mère morte*, après avoir vécu pendant plusieurs jours de sa chair, qu'ils faisaient cuire à petit feu. »

(Cox, 449.)

Voici un tableau de la PACIFICATION de la province de Munster :

« Bien que le pays fût des plus riches et des plus fertiles, regorgeant de blé et de bestiaux, avant que dix-huit mois fussent expirés, il fut réduit à une telle misère qu'il eut arraché des plaintes à un cœur de pierre. — On les voyait sortir de tous les coins des bois et des vallons, se traînant et s'appuyant sur les mains, car ils ne pouvaient plus se soutenir sur leurs jambes ; ils ressemblaient à des squelettes et à des spectres, leur voix ressemblait à celles d'esprits criant au fond de leur tombe. *Ils mangeaient des cadavres*, HEUREUX QUAND ILS EN POUVAIENT TROUVER ! Et bientôt après ils s'entre-dévorèrent ; rien ne leur fut sacré, ils arrachèrent même à leur fosse les cadavres qui y étaient enterrés ; rencontraient-ils un champ couvert de cresson, de trèfle ou herbes des prairies, ils s'y rendaient en troupes, comme pour un festin, et ne le quittaient qu'il ne fût entièrent dépouillé. Toutefois, ce régime ne put les mener bien loin ; en peu de temps, il ne resta presque plus âme qui vive. ET LA PLUS POPULEUSE, LA PLUS FERTILE CONTRÉE SE TROUVA TOUT A COUP VIDE D'HOMMES ET D'ANIMAUX !

(SPENCER. — *État de l'Irlande*, p. 155.)

NOTE XIV.

Des êtres hors la loi pour vous, nobles Saxons, etc.

Durant 400 ans — de 1172 à 1612 — le peuple irlandais n'était connu que sous la qualité de... « *les Ennemis irlandais.* » Ils étaient nommés *les Ennemis irlandais* dans toutes les proclamations royales, chartres et actes du Parlement. C'était leur désignation légale et technique...

Durant cette époque, tout individu de race anglaise pouvait impunément assassiner un simple Irlandais, homme ou femme. Un tel assassinat n'était pas plus un crime devant la loi que de tuer un animal furieux et sauvage.

(O'CONNEL. — *Griefs*..)

.... Les mêmes commissaires mirent la tête de tout prêtre catholique au même prix que la tête d'un loup...

(O'CONNELL. — *Griefs*...)

NOTE XV.

La femelle irlandaise est si prompte à produire !

Une appréciation exacte démontrerait que les catholiques, au moment de la persécution, étaient au nombre de deux millions ; les protestants, les persécuteurs, étaient environ un million. Les catholiques ont, à peu de chose près, atteint le chiffre de sept millions ; c'est à peine si les protestants dépassent le million primitif. L'augmentation comparative des uns, sous la persécution est énorme. La diminution comparative des autres, tandis qu'ils persécutent, est étonnante. En premier lieu, les catholiques n'étaient, tout au plus, que deux contre un ; en second lieu, ils sont presque sept contre un.

« Ainsi Israël captive multiplie dans les chaînes. »

Dieu soit béni ! — Ainsi puisse succomber, en tout pays, la

persécution, jusqu'à ce qu'il soit universellement reconnu quelle est inutile, que son exercice est ravalant pour ceux qui l'emploient.

(D. O'CONNEL. — *Griefs contre l'Angleterre et son gouvernement.* Trad. Ortaire Fournier, p. 20.)

> Du champs que ton pouvoir féconde,
> Vois la mort trancher les épis ;
> Amour, réparateur du monde
> Réveille les cœurs assoupis.
> A l'horreur qui nous environne
> Oppose le besoin d'aimer,
> Et si la mort toujours moissonne,
> Ne te lasse point de semer !
> BÉRANGER.

NOTE XVI.

Et ces murs, étonnés pour la première fois,
S'émeuvent aux accents d'un avocat papiste !

Le barreau d'Irlande ne fut ouvert aux catholiques qu'en 1798. Aussi le dernier vers de ce discours :

« *Milord, j'ai sur le cœur six cents ans de silence !* »

est-il de la plus grande éloquence, parce qu'il rappelle tout à coup à l'esprit, que, durant des siècles, les catholiques furent persécutés, massacrés, torturés et dépouillés, sans avoir le droit de se défendre légalement.

RÉSUMÉ DE LA SITUATION FAITE AUX CATHOLIQUES.

Propriété.

« Tout catholique fut, par acte du Parlement, privé du pouvoir de constituer un douaire à une femme catholique ; d'établir aucune charge sur ses terres en faveur de ses filles ; de disposer, par testament, de ses propriétés territoriales. A sa mort, la loi partageait ses terres également entre tous ses fils. »

Toutes les relations de la vie privée étaient ainsi violées.

« Si la femme d'un catholique se déclarait protestante, la loi lui conférait le pouvoir, non-seulement de contraindre son mari à lui accorder une demeure et un train de maison séparés, mais à lui transférer la garde et la tutelle de tous leurs enfants. »

Ainsi, la femme était encouragée et autorisée à la révolte contre son mari; bien plus, elle en était récompensée.

« Si le fils aîné d'un père catholique, à quelque âge que ce fût, se déclarait protestant, il rendait ainsi, à la lettre, son père simple tenancier sa vie durant; il privait son père de tout pouvoir de vendre ou disposer de ses terres, et ce fils protestant était investi d'une autorité absolue et d'un droit illimité sur les terres de son père. »

Ainsi l'aîné était encouragé, et en vérité auborné, sollicité par la loi à se révolter contre son père.

« Si un enfant, autre que l'aîné, se déclarait, à quelque âge que ce fût, protestant, cet enfant échappait à l'instant à la puissance du du père et avait droit à une pension alimentaire prise sur la propriété du père. »

Ainsi la loi encourageait chaque enfant à se révolter contre son père.

« Si un catholique achetait des terres à prix d'argent, tout protestant était autorisé par la loi à déposséder le catholique de ces terres et à en jouir sans payer un shilling du prix de l'acquisition. »

Telle était la loi. Le catholique payait l'argent, sur quoi le protestant prenait les terres; le catholique perdait l'argent et les terres.

« Si un catholique obtenait des biens en terre, soit par mariage, soit par donation, soit par testament d'un parent ou d'un ami, tout protestant pouvait, aux termes de la loi, prendre les terres du catholique et en jouir lui-même.

« Si un catholique prenait une ferme en qualité de tenancier pour une rente viagère, ou davantage ou pour un terme excédant trente années, tout protestant pouvait, d'après la loi, prendre la ferme du catholique et jouir du bienfait du bail.

« Si un catholique prenait une ferme à bail pour un terme ne dépassant pas trente-et-un ans, et si, toujours suivant la loi, grâce à son travail et à son industrie, il était parvenu à augmenter la valeur des terres, de manière à en retirer un profit égal au tiers de la rente, tout protestant pouvait *dès lors* évincer le catholique et jouir pour le reste du terme du fruit du travail et de l'industrie du catholique.

« Si un catholique avait un cheval qui valût plus de 5 liv. st., tout protestant offrant 5 liv. st. au propriétaire catholique, avait le droit, aux termes de la loi, de s'emparer du cheval, valût-il 50 liv. st., 100 liv. st. ou plus, et de le garder comme sien.

« Si un catholique, étant propriétaire d'un cheval valant plus de 5 liv. st., le cachait à un protestant, le catholique, pour le crime d'avoir caché son propre cheval, pouvait être emprisonné pendant trois mois, une amende triple de la valeur du cheval, quelle qu'elle fût, pouvait être prononcée contre lui. »

Voilà tout pour les lois qui réglaient par acte du Parlement la propriété ou plutôt le pillage au moyen de la loi, de la propriété du catholique.

Je m'arrête.

Éducation.

« Si un catholique tenait une école ou enseignait à une personne protestante ou catholique quelques éléments, soit de sciences ou de la littérature, un tel instituteur était, pour le crime d'avoir voulu enseigner, exposé à être puni, d'après la loi, par le bannissement ou à être pendu comme un scélérat.

« Si un catholique, ou enfant ou adulte, fréquentait en Irlande, une école tenue par un catholique, ou bien était clandestinement instruit par un catholique, ce catholique, bien qu'il fût encore dans la première enfance, encourait la confiscation de toutes ses propriétés présentes et à venir.

« Si un enfant catholique, à quelque âge que ce fût, était envoyé en pays étranger, pour son éducation, cet enfant encourait une peine semblable : c'est-à-dire l'exclusion à tout droit de propriété présente ou à venir.

« Si une personne, en Irlande, faisait une remise d'argent ou de biens, pour l'entretien d'un enfant irlandais, élevé en pays étranger, cette personne encourait une confiscation semblable. »

Incapacités personnelles.

« La loi rendait tout catholique incapable de remplir un grade dans l'armée ou dans la marine, ou même d'être simple soldat, à moins qu'il n'abjurât solennellement sa religion.

« La loi rendait tout catholique incapable de remplir aucune charge que ce fût, honorifique ou salariée, dans l'état : l'exclusion était sans exception.

« La loi n'accordait aucune protection au catholique, pour sa vie ou pour sa liberté. Il ne pouvait pas être juge, grand-juré, shériff, sous-shériff, maître en chancellerie, clerc, avocat, avoué, agent, ou solliciteur ou sénéchal d'aucun domaine, ni même garde-champêtre pour un particulier.

« Un catholique ne pouvait être membre d'aucune municipalité, et, d'après la loi, la résidence dans quelques villes municipales était interdite aux catholiques.

« Les catholiques étaient privés de tout droit de voter pour les députés de la chambre des communes au Parlement.

« Les pairs catholiques étaient privés du droit de siéger ou de voter dans la chambre des pairs.

« La loi prononçait également presque toutes ces incapacités personnelles contre le protestant qui épousait une femme catholique, ou dont l'enfant, âgé de moins de quatorze ans, était élevé comme catholique, bien que cela fût contre son consentement. »

Religion.

« Enseigner la religion catholique était un crime entraînant la déportation ; convertir un protestant à la foi catholique était un crime capital, punissable comme un acte de trahison.

« Être catholique régulier, c'est-à-dire moine ou religieux, était puni du bannissement ; rompre son ban était considéré comme acte de haute trahison.

« Être archevêque ou évêque catholique ou exercer une juridiction ecclésiastique quelconque dans l'église catholique en Irlande, était passible de la déportation. Rompre ensuite son ban était un acte de haute trahison, pour lequel on était condamné à être pendu, éventré vivant et ensuite écartelé. »

Après cette énumération, voulez-vous bien vous rappeler que chacune de ces ordonnances, que chacune de ces lois, que toutes, en un mot, étaient une violation manifeste, palpable et directe d'un traité solennel auquel avaient été engagés la foi et l'honneur de la couronne britannique, ainsi que la justice de la nation anglaise, et cela sans équivoque.

Jamais n'avait été inventé un si horrible code de persécution cruelle, froide, calculée, ravalante, universelle, telle que cette législation, imaginée et arrêtée par la faction orangiste d'Irlande, les Shaws, les Lefroys, les Verners du temps ; — code élevé à la plus extrême hauteur de l'infamie, par ce fait que son établissement violait de la manière la plus vile un engagement solennel, un traité, un contrat.

Il m'est impossible de définir ce code en termes convenables, c'est à peine si l'éloquence de Burke le peut faire. — « IL AVAIT, dit Burke, UNE IGNOBLE PERFECTION ; C'ÉTAIT UN SYSTÈME COMPLET, PLEIN DE COHÉRENCE ET DE LOGIQUE ; BIEN DIRIGÉ ET BIEN LIÉ DANS TOUTES SES PARTIES. C'ÉTAIT UNE MACHINE D'UNE ADRESSE RARE ET D'UN TRAVAIL ACHEVÉ, AUSSI BONNE POUR L'OPPRESSION, L'APPAUVRISSEMENT, LA DÉGRADATION D'UN PEUPLE ET L'AVILISSEMENT EN SA PERSONNE DE LA NATURE HUMAINE ELLE-MÊME, QUE

TOUT CE QUI AVAIT ÉTÉ JUSQUE-LÀ PRODUIT PAR LE GÉNIE PERVERS DE L'HOMME. »

Ce code empêchait l'accumulation des biens et punissait l'industrie comme un crime. Exista-t-il jamais législation semblable dans quelque autre pays, soit chrétien, soit païen ? Mais ce n'est pas tout, le parti qui infligeait cet horrible code au peuple irlandais l'accusait, savez-vous de quoi? de crasse et indécrottable PAUVRETÉ.

Ce code faisait, par acte du Parlement, une nécessité de l'ignorance et punissait l'acquisition du savoir comme une félonie. Est-ce croyable?.— Et pourtant, c'est la vérité. Mais ce n'est pas tout : le parti qui persécutait ainsi le savoir, accusait et accuse encore le peuple irlandais d'IGNORANCE!

Là. — Il n'y a jamais eu, sur la surface du globe, peuple si cruellement, si indignement maltraité que le peuple irlandais. — Il n'y a jamais eu faction si teinte de sang, si noircie de crime que la faction orangiste, qui, sous le nom de protestante, s'efforce de conserver les restes de son pouvoir abusif, en maintenant et avivant l'esprit qui a créé et perpétué l'infâme persécution pénale dont je n'ai donné qu'une faible esquisse.

(O'CONNEL. — *Griefs contre l'Angleterre.*)

NOTE XVII.

Nul dénonciateur n'existe, avez-vous dit...

Tout ce discours est imité de l'un des plus beaux élans oratoires du célèbre Sheridan ; ceux de nos lecteurs qui connaissent l'anglais nous sauront gré de le reproduire entièrement, sans en retrancher un mot.

« — You are told that no such thing as an informer exist? but have you not seen him make his appearance on thistable — have you not marked how the Stormy wave of the multitude retired at his approach — how the hum an heart bowed to the supremacy of his power, in the undiminished homage of a defenceless horror. While his glance like the lightning of heaven seemed to rive the body, et mark it for woe and for death... A death which no force can resist — no aid allued — no innocence escape — no antidote prevent; yes, there is antidote a juror's vath which bound the integrity of man to the throne of eternal justice; but which is lost and solved in the breath that issues from the mouth of the informer — Conscience appalled shrinks from her bondage, end the terrified juror surrenders the victim to his own personal safety, have you not seen, with what more intuitive Keenness the blood-hound pursues his victim — mark how he follows him through the avenues of this court to where the unhappy man now stands hopeless off al succour, — save whah your verdict shall afford my lord, I have heard of assassination by sword and by dagger, but here is a wretch who would steep the evangelist in blood, if he has not sworn his victim to death he is quite ready to swear without merci and without enp, but oh! I conjure you by the name of god — do not let him take an oath, let not the arm of the murderer polute the purity of the gospel; if, the miscreant swears at all, let him swear by the Knife the bloody implement of his profession.

(Here the gifted orator is interrupted by the mott enthousiastic applause).

LORD NORBURY, *with a tone of marked derision.* — You see M. Sheridan you are the man of the people and receive their applause...

M. SHERIDAN. — Mylord, the people are the source of all power, and they applauded the mighty theme, but not the unconsiderable advocate. Ireland? beautiful. Ireland so long enslaved by the bloody yoke of an English governement...

(Here the illustrious advocate was instantly interrupted by LORD NORBURY *who observed).*

M. Sheridan if you continue in this train, i shall have you committed.

M. SHERIDAN, continued, looking with an air of fixed defiance at lord Norbury :

You are the foulest bird, that ever perched on the ruins of a constitution, has your Lordship read of the man in fable who found a crown in a bush, and in a moment of excessive loyalty fell down and adored it, mylord, you are it is true the representative of his majesty and I behold his commission in a bramble and of course i must respect it. — I am done but, mylord, as an individual i bid your itter defiance, out as a judge i would have you to recollect that the finest, the noblest attribute of justice is mercy!

Ce discours nous a été transmis verbalement par un Irlandais, en 1836. Nous l'avons écrit sous sa dictée. Peut-être est-il faussement attribué à Sheridan? Peut-être est-il de Curran?

NOTE XVIII.

.... *Dans leurs champs tant de fois usurpés.*

Le premier exemple du sans-gêne avec lequel les Anglais disposaient de l'Irlande après le séjour de quelques semaines seulement qu'Henri II avait fait en Irlande, est ainsi rapporté (DAVIES, *Relations historiques*) :

« Toute l'Irlande fut divisée par Henri II en cantons et partagée entre dix Anglais de nation, savoir : (le comte Strongbow, Robert Fitz-Stephens, Miles de Cogan, Philippe Bruce, sir Hugh de Lacy, sir John Courcey, William Burke Fitz-Andelm, sir Thomas de Clare, Otho de Grandisson et Robert le Poer), et bien qu'ils n'eussent pas été mis en possession de la tierce partie du royaume, ils furent néanmoins, en titre, propriétaires et seigneurs du tout.

« SI BIEN QU'IL NE FUT RIEN LAISSÉ POUR ÊTRE OCTROYÉ AUX INDIGÈNES!!! »

Depuis cette époque, et pendant des siècles, l'Irlande offre le spectacle d'une spoliation permanente. En premier lieu, les

Irlandais furent dépouillés comme *ennemis irlandais*; en second lieu, comme *idolâtres catholiques*. Très-souvent comme coupables de haute trahison, etc., etc.

Plus tard, l'usurpation brutale des propriétés se transforma en vols judiciaires — et l'on trouva des juges qui prononçaient sur la propriété en litige en faveur du demandeur, moyennant un prélèvement, à leur profit, de quatre shellings par livre de la valeur.

Ecoutons le révérend docteur Leland. Il nous dira comment le roi Jacques s'appuya d'un titre, remontant au roi Henri II, pour apporter du trouble à des possessions de plus de quatre cents années, depuis le règne de ce monarque.

L'extrait suivant, dans lequel Leland a présenté l'affaire sous le point de vue le plus favorable possible, servira à donner à mes lecteurs anglais une idée de l'espèce de justice que les Irlandais trouvèrent auprès du roi Jacques :

« Dans la poursuite de cet objet favori (savoir, la « Plantation » (colonie) d'Ulster, *il* (c'est-à-dire Jacques) *eut quelquefois recours à des droits que les indigènes traitèrent de surannés et d'injustes*. La saisie de ces terres, dont les possesseurs *avaient récemment projeté* une révolte, et avaient échappé aux condamnations portées contre eux, excita peu de bruit ou de murmures, mais lorqu'il invoqua les concessions faites au roi Henri II POUR INVALIDER LES TITRES DÉRIVANT DE LA POSSESSION DE PLUSIEURS SIÈCLES, *cette sévérité apparente!!!* produisit son entier et plein effet sur ceux qui n'étaient pas versés dans la connaissance intime de tous les raffinements de la loi, ET QUI NE SE PRÉOCCUPÈRENT NULLEMENT DE L'ÉQUITÉ DE CES RAFFINEMENTS LORSQU'ON LES EMPLOYA POUR LES DÉPOUILLER DE LEURS PROPRIÉTÉS D'ANCIENNE DATE. » — *Leland*, livre IV, chap. 8.

Voilà donc avec quelle légèreté Leland se plaît à qualifier le projet de spoliation que Jacques et ses successeurs ne se bornèrent pas à imaginer seulement, mais qu'ils poursuivirent et exécutèrent. Je ne puis employer un langage plus fort que celui dont Leland, — Leland lui-même! — s'est servi pour décrire les procédés de ce *vol au nom de la loi.* Voici la manière dont il décrit « l'esprit d'aventure, » comme il l'appelle, quand il aurait dû l'appeler « l'esprit de vol, » qui poussait et qui animait les hordes de voleurs étrangers à piller le peuple d'Irlande :

« Ce fut une ère de projets et d'aventures; l'esprit des hommes était particulièrement possédé de la passion des découvertes et de la colonisation de pays nouveaux. Ceux qui étaient trop pauvres ou trop peu entreprenants pour s'engager dans des aventures lointaines, courtisèrent la fortune en Irlande « ***. » Ils obtinrent des commissions pour s'enquérir des titres défectueux, des terres et des rentes sur lesquelles la couronne pouvait avoir un droit latent. Mais qui généralement retira le plus grand bénéfice de ces sortes de démarches? Le faiseur de projets, et non pas le roi, qui se contenta le plus souvent d'une très-faible portion de la trouvaille et d'une modique redevance. *On employa avec empressement et partout des agents de découvertes, qui se mirent à la piste des titres de propriété défectueux.* On fouilla dans tous les vieux registres pour trouver l'origine des rentes qui y étaient inscrites. Les dossiers enfouis dans la tour de Londres furent mis à sac afin d'examiner toutes les anciennes concessions; tous les artifices, toutes les vieilles ruses de guerre furent mises en jeu pour contraindre les possesseurs à accepter des concessions nouvelles, moyennant une redevance de rente. Soit que leurs titres ne fussent véritablement pas en règle, soit qu'ils reculassent devant les difficultés et les dépenses d'une lutte avec la couronne, ou qu'ils éprouvassent des craintes sur l'issue d'une telle lutte, à une époque et dans un pays où les juges soutenaient hardiment la prérogative royale jusque dans ses dernières limites, les propriétaires en général cédèrent « *** » LES PREUVES FOURMILLENT DES PRATIQUES LES PLUS INIQUES. DES CRUAUTÉS LES PLUS HORRIBLES, DES PARJURES ET DE LA PLUS SCANDALEUSE SUBORNATION, EMPLOYÉS POUR DÉPOUILLER L'INNOCENT ET HON-

NÊTE PROPRIÉTAIRE DE SON HÉRITAGE. » — *Leland,* livre IV, chap. 8.

Il n'y a rien de nouveau sous le soleil. Sous les règnes de Georges IV et de Guillaume IV, le département des bois et forêts institua une enquête à peu près semblable. Un individu, nommé Weale, reçut la mission de faire des recherches relativement aux titres défectueux en Irlande, et par ce moyen, on obtint un grand pillage ; et si ce pillage ne s'étendit pas plus loin, il le faut principalement attribuer à des causes accidentelles. Le peuple fut assez simple pour attribuer l'idée de cette enquête, véritable persécution dirigée contre les titres, à la faction orangiste, dont le but était d'enlever toute sécurité à la propriété en Irlande. Vous voyez bien qu'il n'en était rien ; — il n'y a rien de nouveau sous le soleil !

Tout en nous disposant à donner quelques échantillons des vols atroces qui ont été commis au détriment des Irlandais sous Jacques Ier, il ne sera pas moins instructif ni moins intéressant de montrer comment la famille de Parsons, aujourd'hui comtes de Rosse, acquit des terres en Irlande. Le comte actuel a donné quelques échantillons de ses dispositions envers les prélats et le peuple d'Irlande : dispositions qui n'auraient pas fait honte à ses pillards ancêtres, bien que les jours de ce genre de pillage soient passés. Que le lecteur songe à l'histoire des malheureux Byrne, et il verra combien il entre dans les inclinations naturelles de la famille des Parsons de persécuter les indigènes d'Irlande. En tout cas, l'on est parfaitement reçu à dire que, nulle part ailleurs qu'en Irlande n'aurait pu être exécuté un acte de pillage aussi infâme et aussi dévergondé que celui dont nous sommes prêts à fournir la preuve. Voici comment ce fait est raconté par l'intelligent historien, le docteur Taylor :

« Un seul cas peut être cité comme échantillon de la justice irlandaise à cette époque. Bryan et Turlogh Byrne étaient les propriétaires légitimes d'une contrée en Leinster, appelée le Ranelaghs. Sa proximité de la capitale alluma la cupidité des pillards. En conséquence, Parsons, lord Esmond et quelque autres prirent la résolution de la confisquer. Les Byrne, cependant, avaient de puissantes protections en Angleterre, et ils obtinrent une concession de leurs terres par lettres patentes du roi. Parsons et Esmond n'étaient pas hommes à se laisser désappointer si facilement; ils refusèrent tout net de reconnaître la concession royale; *et, jugeant que la perte des Byrne était nécessaire à leur propre sûreté, ils les firent arrêter sur une accusation de trahison.* Les témoins, qui eurent mission de soutenir l'accusation, furent Duffe, que Turlogh Byrne avait, en sa qualité de juge de paix, fait mettre en prison pour avoir volé une vache, Mac-Art et Mac-Griffin, tous les deux voleurs insignes, et un fermier nommé Archer; ce dernier résista longtemps aux tentatives que l'on fit près de lui pour le forcer à devenir témoin parjure, ET SON OBSTINATION FUT PUNIE PAR LES PLUS HORRIBLES TORTURES; IL FUT BRULÉ DANS TOUTES LES PARTIES CHARNUES DU CORPS AVEC DES FERS ROUGES; PLACÉ SUR GRIL AU-DESSUS D'UN FEU DE CHARBON DE BOIS ET FINALEMENT FOUETTÉ JUSQU'A COMPLÈTE PROSTRATION DES FORCES; IL PROMIT ALORS DE JURER TOUT CE QUE LES COMMISSAIRES VOUDRAIENT. Ces actes d'accusation furent successivement présentés à deux grands jurys, dans le comté de Carlow, et immédiatement rejetés parce que les témoins subornés n'étaient pas dignes de créance et se contredisaient mutuellement. *Pour cette opposition, les jurés furent sommés de comparaître à la cour de la chambre étoilée, à Dublin, et furent condamnés à une forte amende.* Les témoins Marc-Art et Mac-Griffin, n'étant plus utiles, furent rendus à la vengeance des lois, ils furent pendus pour vol à Kilkenny; et, à leur dernier soupir, ils déclarèrent l'innocence des Byrne.

Parsons et ses complices n'étaient pas à bout de leurs artifices. Les Byrne se présentèrent devant la cour du banc du roi, à Dublin, pour répondre à toute accusation qu'on pourrait porter contre eux. Nul poursuivant ne se présenta, et néanmoins le lord chef de justice refusa de leur donner décharge. Durant deux ans, des ordres réitérés furent expédiés d'Angleterre portant que les Byrne devaient être affranchis de tous procès ultérieurs et rétablis dans leurs biens ; mais la faction du château esquiva ces ordres et y désobéit chaque fois. Enfin, lorsqu'on apprit la mort du duc de Richemond, le généreux protecteur des persécutés irlandais, Parsons se détermina à consommer la ruine de ses victimes. L'intégrité du grand jury avait autrefois déconcerté ses projets ; il prit toutes ses précautions pour prévenir une pareille déconvenue. Les actes d'accusation furent envoyés au grand jury de Wicklow, *dont la majorité avait obtenu des concessions de la propriété des Byrne*, et qui tous faisaient cause commune avec les poursuivants. Le témoignage que l'on invoqua devant ce corps *impartial* fut tiré des dépositions de quatre criminels *qui furent graciés à la condition d donner leur témoignage, et encore ces misérables ne comparurent même pas en personne devant le jury*. Leurs dépositions furent reçues en irlandais par l'un des poursuivants et traduites par une de ces créatures. CES DOCUMENTS SUSPECTS FURENT NÉANMOINS ADMIS COMME PREUVES SUFFISANTES ET LES ACTES D'ACCUSATION FURENT TROUVÉS FONDÉS !

Pour se procurer un témoignage additionnel, il fut nécessaire d'avoir recours à des expédients plus atroces encore. On arrêta plusieurs individus et on les soumit à l'horrible moquerie d'un procès *d'après la loi martiale, bien que les cours régulières siégeassent*. LES PLUS ÉPOUVANTABLES TORTURES FURENT INFLIGÉES A TOUS CEUX QUI REFUSÈRENT D'ACCUSER LES BYRNE, ET QUELQUES-UNS DES PLUS OBSTINÉS FURENT PUNIS DE MORT ; mais la fermeté des victimes présenta des obstacles auxquels on ne s'attendait pas, jusqu'à ce qu'enfin quelques vertueux Anglais représentèrent l'affaire si fortement au roi qu'il eut honte de s'y trouver mêlé. Il envoya d'Angleterre des commissaires pour réviser l'affaire tout entière. Les Byrne furent amenés devant eux et acquittés ; MAIS PARSONS AVAIT ANTÉRIEUREMENT FAIT EN SORTE D'OBTENIR UNE CONCESSION DE LEURS TERRES PAR LETTRES PATENTES, ET IL PUT LES RETENIR ET EN JOUIR

EN TOUTE SÉCURITÉ. » — *Histoires des guerres civiles en Irlande*, par TAYLOR, vol. I, p. 243-246 ; aussi *Ormond de Carte*, vol. I, p. 29, et MSS., *Stearne, Irin, Coll., Dublin.*

(O'CONNELL. — *Griefs*, etc.)

Traduction ORTAIRE FOURNIER, p. 183 et suiv.

NOTE XIX.

Le capitaine Rock, c'est l'éternel génie.

Depuis assez longtemps l'Irlande est en possession de l'attention publique, pour qu'il soit inutile de faire remarquer ici que le capitaine *Rock* est un être imaginaire. Ce personnage allégorique, qui représente, non pas un individu, mais toute cette grande majorité de la nation irlandaise en hostilité contre l'Angleterre, n'est point une invention de l'auteur : cette création appartient aux mécontents irlandais eux-mêmes ; car, comme le capitaine *Right*, ce chef mystérieux aux ordres duquel ils faisaient prêter serment d'obéissance en 1786, le capitaine *Rock* est le chef invisible de leurs révoltes, le signataire insaisissable de leurs proclamations, l'être incorporel sous l'influence duquel ils placent leurs moindres mouvements : c'est le mécontentement et la révolte personnifiés.

NACHEZ. — Préface de la traduction des Mémoires du capitaine Rock, par THOMAS MOORE. — Dentu, 1829.

NOTE XX.

Des cœurs français m'offraient un appui sympathique.

Copes of the first consul's answer to my memoire of 13th nivôse, delivered to me 27th nivôse.

Le premier consul a lu avec la plus grande attention le mémoire qui lui a été adressé par M. Emmet, le 13 nivôse.

Il désire que les Irlandais-Unis soient bien convaincus que

son intention est d'assurer l'indépendance de l'Irlande, et de donner protection entière et efficace à tous ceux d'entre eux qui prendront part à l'expédition, ou qui se joindront aux armées françaises.

Le gouvernement français ne peut faire aucune proclamation avant d'avoir touché le territoire irlandais. Mais le général qui commandera l'expédition sera muni de lettres scellées par lesquelles le premier consul déclarera qu'il ne fera point la paix avec l'Angleterre sans stipuler pour l'indépedannce de l'Irlande, dans le cas, cependant, où l'armée aurait été jointe par un corps considérable d'Irlandais-Unis.

L'Irlande sera en tout traitée comme l'a été l'Amérique dans la guerre passée.

Tout individu qui s'embarquera avec l'armée française destinée pour l'expédition, sera commissionné comme Français, s'il était arrêté et qu'il ne fût pas traité comme prisonnier de guerre, la représaille s'exercera sur les prisonniers anglais.

Tout corps formé au nom des Irlandais-Unis sera considéré comme faisant partie de l'armée française. Enfin si l'expédition ne réussissait pas, et que les Irlandais fussent obligés de revenir en France, la France entretiendra un certain nombre de brigades irlandaises, et fera des pensions à tout individu qui aurait fait partie du gouvernement et des autorités du pays.

Les pensions pourraient être assimilées à celles qui sont accordées en France aux titulaires de grades et d'emplois correspondants, qui ne sont pas en activité.

Le premier consul désire qu'il se forme un comité d'Irlandais-Unis. Il ne voit pas d'inconvénient à ce que les membres de ce comité fasse des proclamations et instruisent leurs compatriotes de l'état des choses.

Ces proclamations seront insérées dans l'*Argus* et dans les différents journaux de l'Europe, afin d'éclairer les Irlandais sur le parti qu'ils ont à suivre, et sur les espérances qu'ils doivent oncevoir. Si le comité veut faire une relation des actes de tyrannie exercés contre l'Irlande par le gouvernement anglais, on l'insérera dans le *Moniteur*.

NOTE XXI.

Mon sang n'est point glacé par l'horreur de la mort, etc.

Ces vers sont imités du discours prononcé par Robert Emmet, après sa condamnation à mort.

« Mylord you are impatient for the sacrifice. The blood which you seek is not congealed by the artificial terrors which surround your victime. — It circulates warmely and unruffled through its channels, and in a little time it well cry te heaven, — Be yet patient ! Y have but a few more words to say. — Iam going to my cold and silent grave. — My lamp of life is hearly extinguished. — Y have parted with every thing that was dear to me in this life, and for my country's cause with the idol of my souls, the object of my affections. My race is run. — The grave opens to receive me, and I senk into its bosom. Y have but one request to ask at my departure from this world, it is *the charity of its silence*. Let no man write my epitaph ; for as no man who knows my motives dare wow vindicate them, let not prejudice or ignorance asperse them. Let them rest in obscurity and peace, my memory be left in oblivion, and my tomb remain uninscribed, until others times, and other men can do justice to my character. When my country takes her place among the nations of the earth, then, and not tell then, let my epitaph be written. Y have done. »

Nous recommandons à l'attention du lecteur tout le discours dont les lignes qui précèdent ne sont que la péroraison, nous engageons même les amis de l'Irlande, qui ne connaissent pas l'histoire et le procès de Robert Emmet, à la lire et à l'étudier comme l'épisode le plus émouvant de l'histoire des Irlandais-Unis.

(Demandez à la Bibliothèque nationale : *The united Irishmen' lives and times, by R. R. Madden, Third series.*Vol III.)

Thomas Moore, qui fut l'ami et le compagnon d'études de Robert Emmet, a composé à son sujet une des plus mélancoliques et plus célèbres mélodies :

« Oh! breathe not his name, let it sleep in the shade,
Where cold and unhonoured his relics are laid;
Sad, silent, and dark, be the tears that we shed,
As the night dew that falls on the grass o'er his head.
But the night dew that falls, through in silence he weeps,
Shall brighten with verdure the grave were he sleeps;
And the tear that we shed, tho' in secret it rolls,
Shall long keep his memory green en our souls. »

NOTE XXII.

Thomas Raynolds.

Par une licence nécessaire, nous avons fait ce personnage sympathique et rénégat par fatalité. Dans l'intérêt de la vérité historique, nous devons nous hâter de déclarer que Thomas Raynolds fut un scélérat froidement coupable; qu'il toucha successivement 5,000 liv. sterling pour prix de sa délation, et de plus une rente annuelle de 1,000 liv. jusqu'à sa mort, qui eut lieu le 18 août 1836, à Paris, où il avait fixé sa résidence.

FIN DES NOTES DU CAPITAINE ROCK.

Argenteuil. impr. WORMS et Cie. — Bureaux à Paris, rue Ste-Anne, 63.

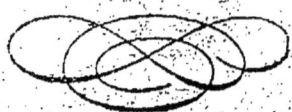

Argenteuil. — Impr. de WORMS et Cie. — Bureaux à Paris, rue Sainte-Anne, 63.

www.ingramcontent.com/pod-product-compliance
Lightning Source LLC
Chambersburg PA
CBHW071529160426
43196CB00010B/1715